シンプルでかわいい日々の
キルトとバッグと小物

＊

やさしいキルトの
ある暮らし

南 久美子
Kumiko Minami

　小学校3、4年生の頃、近所の手芸の卸問屋さんのようなお店のきれいとはいえないショーウインドウの片隅に、フェルトで作る小さなキットがありました。何度ものぞきに行っては母にせがんで買ってもらい、見よう見まねで何とか完成させました。決して上手にできたとは思いませんが、父も母もほめてくれました。そのときの、「手作りのものがこんなに喜ばれて、自分の心も満たしてくれるんや」と、わくわくしたことを思い出します。

　そのことがきっかけで、おばさんに残った毛糸をもらって編み物を教わりました。人前でかぶれるような代物ではありませんでしたが、自力でかぎ針のニット帽を編み上げたときの感動はまだ覚えています。

　幼い頃から母がミシンを踏んでいるそばで糸切りを手伝ったり、絞りの内職をやってみたくてせがんでやらしてもらったときに、「上手やな〜」とほめられたこと。そんな、手作りにまつわる記憶がたくさんあります。完成したときの達成感、周りの人の笑顔やほめてもらえたときのうれしさが今の私の原点かもしれません。

編み物、洋裁、手芸といろいろな物を作ってきた中で、パッチワークキルトとの出合いは私を夢中にさせました。縫い合わせる。キルティングする。薄暗い場所でキルティング途中のキルトを見ると「わー、まるでドミノ倒しをしているみたい！」と、感激したものです。それから25年、ずっと変わらずにパッチワークキルトが好きで続けています。パッチワークキルトとの出合いが、人と人との関係も縫いつないでくれ、すてきな仕事にも結び付きました。

　作ること、工夫すること、自分の好きを創造すること。私が大事だと思うことです。みなさんにも「うれしい、好き」という気持ちを大切に、パッチワークキルトを楽しんでもらえたらと思います。そして、この本の中の作品がみなさんを幸せにしてくれることを願っています。

南久美子

shop

キルトギャラリー瑞(ZUI)
〒611-0033
京都府宇治市大久保町旦椋12-22
tel／fax 0774-45-3899
HP http://zuinet.com
SHOP http://zuishop.com
MAIL info@zuinet.com

●布見本やキットカタログがあります。希望の方はお店にお問い合わせください。

contents

useful pouch

毎日使いたい便利なポーチ。
サイズも用途もさまざまで、
つい手に取ってみたくなる、
ほっとするような色合いのポーチたちです。

パッチワークキルトの楽しみ

パターン

パッチワークキルトといえば、パターン。何千種類というトラディショナルパターンに加え、オリジナルパターンも考えられています。布合わせ、色合わせでまったく見え方が変わります。小さな布をつなぐことで大きな個性が発揮されるのがパターンなのです。

キャラメルつつみのポーチ

キャラメルのつつみ紙のように、折りたた
んだ形がかわいい四角のポーチ。大・中・小
の3サイズをおそろいで作って、使い分け
ればなおかわいい。

大9×20cm　中6×16cm
小5×9cm
How to make ※ **P.66**

仕立てはとても簡単。中袋は付けずに、マチを内側に折りたたんで縫うだけです。マチにはタブをはさんでいるので、ファスナーの開け閉めも楽ちんです。

ハニービーの手帳ケース

ハニービーとはみつばちのこと。羽と胴体はアップリケです。春のようなやさしい色合いと花柄がぴったりです。

19 × 13cm

How to make ※ P.68

内側は手帳用などの大きなポケットとカード用の小さなポケットに分かれています。
周囲はファスナーでとじる仕組みなので、物が落ちる心配もありません。

フリースタイルファスナーのスライダーの通し方

使っているのはフリースタイルファスナー。自由な長さにカットして後からスライダーを通すタイプです。

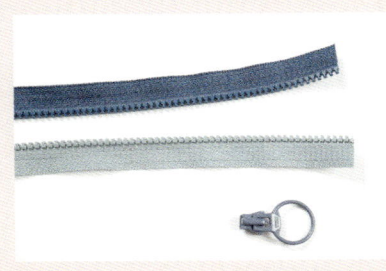

1 好きな色を組み合わせ、必要な長さにカットします。

2 端にスライダーを通します。このとき差し込みすぎないようにします。

3 もう片方の端も通します。スライダーの下からファスナーの端が見える程度。

4 スライダーを引き上げるとファスナーがかみ合います。そのまま引き上げます。

ランチケース

ふたを交互に重ねて持ち手を結ぶだけのシンプルなつくり。
ふろしきと袋の中間のような形なので、お弁当箱のサイズの違いにも対応できそうです。

8 × 18cm
How to make ※ **P.70**

ハニコムのペットボトルケース

バッグタイプのペットボトルケースは新鮮な形。
ちょっと背が高めなので、中のボトルも見えず、
すっきりスマートに持つことができます。

25×8cm
How to make ※ P.72

ランチケースの内側はアルミの保温保冷シート付き。ペットボトルケースの反対側は、ピンクのやさしい色合いでまとめました。

まんまるミニポーチ

まんまるのユニークな形が目を引く
ポーチです。何を入れると楽しいか考
えるとワクワクしそう。バッグの中の
キャンディー入れなどにどうぞ。

大直径17.5cm　小直径12.5cm
How to make ※ **P.73**

木工口金のがま口ポーチ

厚みのある木の口金と、ぽってりとしたヘ
キサゴンの本体のバランスがかわいい口金
です。カラフルにするか白系でまとめるか
はお好みで。

15×18cm
How to make ※ **P.74**

がま口金の付け方

口金の溝に本体を差し込んで、ねじで止めるタイプです。

1 74ページを参照して本体と中袋を作り、口金を用意します。

2 本体と中袋を中表に合わせ、印から印まで脇を縫います。

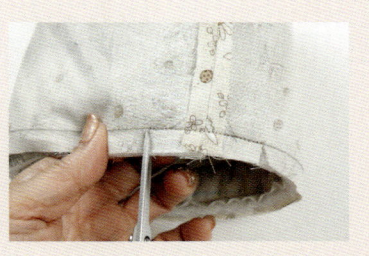

3 印の縫い代に切り込みを入れます。

4 中袋の返し口から表に返し、形を整えて口をクリップで留めます。口の出来上がり線から0.3cmの位置を縫います。

5 4の縫い目から0.2cmほど残して余分な縫い代をカットします。

6 口金の溝にボンドを付けます。奥までしっかりと付けましょう。

7 口金と本体の中心を合わせ、目打ちで本体を溝に差し込みます。

8 脇から縫い代が出ないように、溝の中に入れ込みます。

9 口金のネジ付け位置に、付属のネジをドライバーで差し込みます。ネジが曲がらないようにまっすぐ入れましょう。

脇が内側に折り込まれてふっくらとした形になります。

ボータイのめがねケース

ボータイとは蝶ネクタイのこと。ちょっと大きめでかっちりとしためがねケースなので、バッグの中に入れても安心です。大きなサングラスも入るサイズです。

9×19cm
How to make ※ P.76

表はふっくら、中はプラスチック板が入っているのでかっちり。

パッチワークキルトの基本　はめ込み縫い

ボータイのパターンではめ込み縫いを解説します。
はめ込み縫いとは、L字やコの字に布をはめ込むように縫う縫い方です。

表

裏

1 ボータイのパターンのピースを用意します。

2 中心の四角とブルーの布を中表に合わせて印から印まで縫います。印から印というのが重要です。

3 もう1枚のブルーの布を反対側に同様に縫います。ボータイの形ができました。

4 白い布をブルーの布と中表に合わせて1辺を縫います。縫い始めは布端から縫い、角の印で返し縫いをします。

5 次の辺と中心の四角の辺を合わせてまち針で留めます。角に針を出し、次の辺を縫います。同様に角の印では返し縫いをします。

6 最後の辺ともう1枚のブルーの布を中表に合わせ、同様に縫います。最後は布端まで縫って玉止めをします。

表

裏

7 縫い代を倒して平らにします。これで白い布のはめ込み縫いができました。

8 もう1枚の白い布も同様にはめ込み縫いをします。これでボータイのパターンの完成です。

ふた付きビッグポーチとミニポーチ

同じデザインでサイズ違いです。ブルーはおしゃれなハンドバッグのようなサイズ。ピンクは手のひらサイズという小ささが乙女心をくすぐります。

ビッグポーチ 13 × 20cm　ミニポーチ 7 × 10.5cm

How to make ※ P.21,78

✛ **ビッグポーチの作り方**

本体の作り方で、パッチワークキルトのピーシングからキルティングの基本、
周囲をパイピングで始末する方法がわかります。

実物大型紙と展開図は 78 ページ参照

1 ピーシングしてまとめた本体のトップ、裏打ち布（縫い代始末用テープ分含む）、接着キルト綿、幅3.7cmバイヤステープ140cm、4×4cm当て布（裁ち切り）、幅1cmレース25cm、ステッチヤーン（25番刺繍糸なら2本取り）、1.8×3.6cmひねり金具を用意します。裏打ち布を大きめに用意して、当て布と縫い代始末用テープをとるとよいでしょう。⑥でトップに接着キルト綿を接着するときにクッキングシートを使用しています。これは、アイロンに接着樹脂が付かないようにするためです。シートは冷めてからはがすとひっつきません。

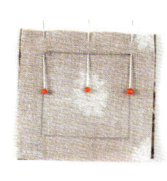 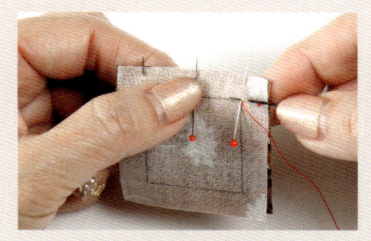 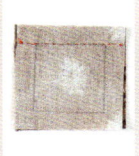

2 基本的なピーシングのしかたです。ピース2枚を中表に合わせ、両端、中心の印を合わせてまち針で留めます。縫い代は0.7cmです。

3 布端から布端まで縫います。布端から縫い始め、印の手前で返し縫いをします。

4 布端まで縫ったら玉止めをします。縫い代を裁ちそろえ、片方のピース側に倒してひらきます。アイロンで押さえるときれいです。

5 すべてのピースを接ぎ合わせます。これで本体のトップ（表布）ができました。

6 裏打ち布の裏側、接着キルト綿の接着面側、トップの表側を上にして順に重ね、クッキングシートを重ねてアイロンで接着します。

7 本体に型紙を合わせて、表に出来上がり線を引きます。タックや金具の付け位置にも印を付けます。

8 キルティングラインを描きます。格子部分は定規で、カーブ部分は出来上がり線に沿ってフリーハンドで描きます。

9 3層をまとめてしつけをかけます。中心から外に十字、さらにその間に3、4本ずつ放射状にかけます。最後に、周囲を出来上がり線に沿って縫い代側にしつけをかけます。

10 印の上をキルティングをします。針を垂直に刺して裏打ち布まですくいます。玉結びや玉止めは、糸を引いて布の中に引き入れます。

11 すべてのキルティングができました。周囲のしつけだけを残して、しつけをはずします。

12 ふたと本体の四角つなぎの上下に刺繍をします。どちらもヘリンボーンステッチです。キルト綿まですくって刺します。

13 刺繍までできました。

14 レースをふたと後ろの境目に付けます。平らな側は端をミシンで縫います。ギザギザ側は、ギザギザの頂点をすくってまつります。

15 縫い代の余分を、3層まとめて1cmにカットします。マチのへこみ部分もカットします。

16 タックを寄せます。印と印を合わせて内側にタックを倒し、しつけで仮留めします。

17 バイヤステープの両端を中心で突き合わせて折っておきます。アイロンで押さえてしっかり折り目を付けます。

18 バイヤステープをひらき、本体の出来上がり線と印を合わせて中表に重ね、ミシンで縫います。目打ちで押さえながらゆっくり縫います。

19 直角の角の印まで縫えたら額縁仕立てをします。針をあげ、テープを次の辺に合わせて45度に折ります。

20 最初の辺の端に合わせて折り返し、次の辺に沿わせて印を合わせて押さえます。角で三角形にタックを寄せたような形です。

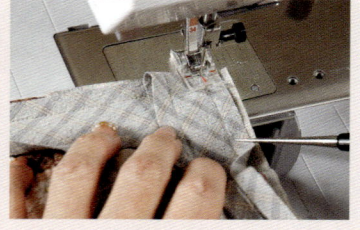

21 布端からミシンの針をセットし、再度縫い始めます。ずれないように注意を。同様にふた側も周囲に沿って縫います。

22 本体の表側にバイヤステープを縫い付けました。口側は額縁仕立て、ふた側はカーブに沿っていねいに付けます。

[23] バイヤステープを裏に折り返して縫い代をくるみます。仮止めクリップなどで留め、表からの縫い目が見えないようにまつります。

[24] 額縁仕立ての角は、端をななめに整えてクリップで留めます。そのまま布端までまつって玉止めをします。糸は切らずにそのままで。

[25] 次の辺の縫い代をくるみ、クリップで留めます。針を角の内側に出し、バイヤステープの角を2針ほどすくって縫い止めます。

[26] そのまま同様にぐるりとまつります。ふた側は額縁仕立てがないので、周囲のカーブに沿ってくるみ、まつります。

[27] 底中心から中表に合わせて、口からマチまでパイピング部分を巻きかがりでとじます。

[28] 両脇とも巻きかがりができました。

[29] マチを縫います。底中心と脇を合わせてたたみます。マチに縫い代始末用テープを中表に重ね、マチを5cm縫います。

[30] テープを底側に折り返し、マチの縫い代をくるみます。

[31] そのまま縫い代を底に倒し、まち針で留めてまつります。これで縫い代が飛び出ずに平らにすっきりとします。

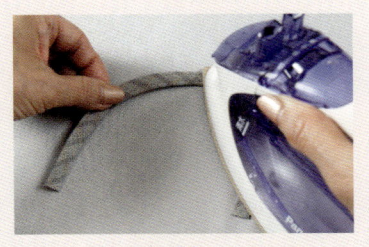

[32] 表に返します。袋状になりました。

[33] 持ち手を作ります。縫い代を折ったバイヤステープを20cmにカットし、二つ折りして両端を縫います。

[34] アイロンで押さえて、少し伸ばしながらカーブを付けます。バイヤスなので、きれいな形が作れます。

35 レースの上に持ち手を付けます。脇から5cmの位置に印を付けます。

36 端を1cm折ってまち針で留め、まつります。側面→持ち手の内側→側面→底の順にまつります。

37 もう片方も同様にまつって、持ち手を本体に付けます。

ひねりパーツ　飾り（穴）パーツ

座金　　座金

38 ひねり金具を付けます。表になる飾り（穴）パーツにひねりパーツを合わせて止めるしくみです。

39 金具付け位置に飾りパーツを合わせ、穴に沿って印を付けます。印の0.2cmほど外側にミシンステッチをかけます。

40 切り込みを入れ、印通りに内側をくり抜きます。

41 表から飾りパーツを穴に差し込みます。

42 裏から座金を合わせて飾りパーツの爪を倒します。座金のへこみ部分に合わせて倒しましょう。

43 飾りパーツと座金の境目の布にボンドを付け、目打ちで内側に入れ込みます。

44 ふたと本体前を合わせて、ひねりパーツを付ける位置を確かめます。飾りパーツに合わせて座金を置きます。

45 座金の穴に合わせて印を付け、目打ちで穴をあけます。

46 表からひねりパーツを穴に差し込みます。

[47] 裏からひねりパーツの爪に座金を通し、爪を倒します。

[48] 当て布の縫い代を折り、アイロンで押さえて形を付けます。

[49] 当て布をひねりパーツの裏の座金に重ねてまつります。これで完成です。

ミニポーチのマグネットボタンの付け方

表側の花形のパーツをネジで止めるタイプのマグネットボタンです。

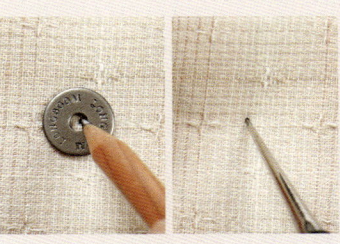

[1] 外になる花部分は3パーツとネジ、内になる凹部分は2パーツです。

[2] 付けたい位置に平らなリング状パーツを重ね、印を付けます。目打ちで穴をあけます。

[3] 表から花パーツを穴に刺し込みます。

[4] 裏からくぼんだパーツと平らなリング状パーツを重ねます。

[5] ネジを差し込み、ドライバーでしめます。

[6] 凹パーツを付けます。座金を付け位置の中心に合わせ、穴をあける位置の印を付けます。

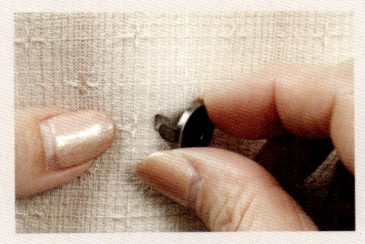

[7] 目打ちを刺して穴をあけ、凹パーツを表から差し込みます。

[8] 裏から爪に座金を通し、爪を根元からしっかりと倒します。倒す方向は、内側でも外側でもかまいません。

ハートのポーチ

小さなハートのアップリケと口のスカラップがかわいいポーチです。少女にプレゼントしたくなるような可憐さです。

11 × 14cm

How to make ※ **P.80**

きんちゃくポーチ

まる底がかわいい小さなきんちゃくです。
口はリングにひもを通すしくみ。ひもの先
に小さなつつみボタンを付けてひと工夫を。

14.5 × 15cm

How to make ※ **P.82**

うさぎ・いぬ・ねこのポーチ

動物の形をしたポーチは、そのかわいさで大人にも子供にも喜ばれる人気のアイテム。うちの子に似せてアレンジするのもおすすめです。

うさぎ8.5×13cm　いぬ9.5×10cm　ねこ9×8.5cm
How to make ※ P.29,83

✛ # うさぎのポーチの作り方

うさぎのポーチの作り方を通して、アップリケのしかたや、
基本のファスナーの付け方がわかります。

実物大型紙と展開図は 83 ページ参照

1 　本体前と後ろ、マチ、顔と鼻のアップリケパーツ、耳前と後ろ、耳のアップリケパーツ、本体とマチの裏打ち布、直径3.5cmしっぽ2枚（裁ち切り）、接着キルト綿、直径0.6cm目用ボタン2個、10cmファスナー、ステッチヤーン（25番刺繍糸なら2本取り）を用意します。
型紙は全体とそれぞれのパーツごとに作っておくと便利です。接着キルト綿は、接着面を本体、マチ、耳の表布に接着するように重ねます。

2 　耳を作ります。耳の前と後ろを中表に合わせ、接着キルト綿を重ねて縫います。下側が返し口です。

3 　接着キルト綿の縫い代を縫い目のきわでカットします。続いて布の縫い代も0.3cmにカットします。

4 　返し口から鉗子を入れ、耳の先をつまんで表に返します。再度鉗子を入れ、カーブに沿って動かして形を整えます。

5 　型紙を合わせてアップリケの位置に印を付けます。

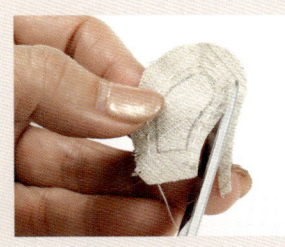

6 　耳のアップリケパーツを作ります。印から0.2cmの位置をぐし縫いし、縫い代を0.5cmにカットします。

7 　裏にアップリケの型紙を重ね、アイロンで縫い代を倒しながらぐし縫いを引き絞ります。形ができたら型紙を抜きます。

8 　耳にアップリケパーツを重ねてまつります。もう片方の耳も同様に作ります。

9 　本体前のアップリケ位置に印を付けます。裏から顔のアップリケパーツが重なる線を、キルト用ルレット（へら）でなぞります。

10 　顔のアップリケパーツのアップリケ側の縫い代を0.3cmにカットし、同様にルレットでなぞって折り線を付けます。アイロンで押さえて縫い代を折ります。

11 本体前の表にアップリケパーツを重ねます。ルレットで印を付けたので、重ねる位置が表からでもわかります。

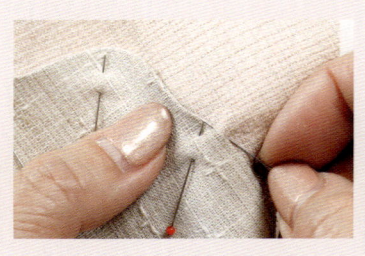

12 まち針で留め、端から端までまつります。

13 アップリケの裏になる本体の余分を、縫い代0.7cmほど残してカットします。

14 本体前の表に型紙を合わせ、目、鼻、口の位置に印を付けます。

15 鼻のアップリケを耳と同様に作り、顔にアップリケします。本体後ろは一枚布です。

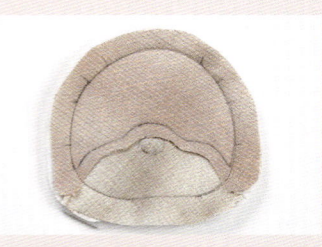

16 本体前と裏打ち布を中表に合わせ、接着キルト綿に重ねて周囲を縫います。このとき、下に返し口、上に耳差し込み口を縫い残します。

17 返し口と耳差し込み口を、キルト用ルレットでなぞって印を付けます。

18 接着キルト綿の縫い代を縫い目のきわでカットし、続けて本体の縫い代を0.3cmにカットします。

19 耳と同様に、返し口から鉗子を入れて表に返し、形を整えます。

20 本体の形ができてきました。返し口と耳差し込み口には印が付いているので、縫い代が折り込みやすくなっています。

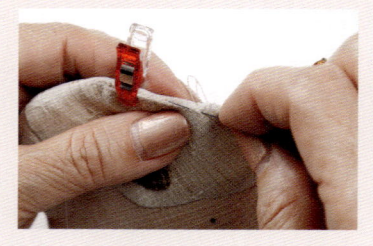

21 返し口の縫い代を折り込み、コの字とじでとじます。

22 耳をアイロンで押さえて接着キルト綿を接着し、アップリケのきわにキルティング（落としキルティング）をします。

23 本体に耳を差し込みます。耳の型紙を合わせて差し込む位置を確認します。

24 本体前と耳前、裏打ち布と耳後ろというようにぐるりとまつります。

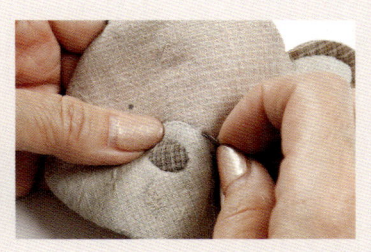

25 アイロンで押さえて接着キルト綿を本体前に接着し、顔と鼻に落としキルティングをします。

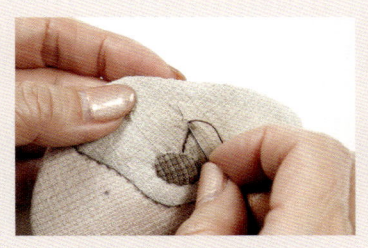

26 口を刺繍します。刺繍は1本取りのバックステッチです。

27 目を付けます。ボタンの足をしっかりと縫い止めます。

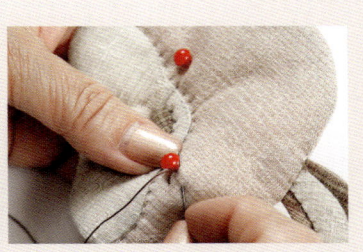

28 まつげを刺繍します。目のきわからストレートステッチで3本刺します。

29 本体前と同様に、本体後ろとマチをそれぞれ裏打ち布と中表に合わせ、接着キルト綿を重ねて縫います。これでパーツができました。

30 本体前の裏に型紙を合わせ、ファスナー付け位置を印します。

31 印に合わせてファスナーを仮止めクリップで中表に留めます。本体の口からファスナーの歯が出るように合わせます。

32 ファスナーのテープエンドを内側にななめに折り込み、まつります。針をファスナーテープの織りが変わる位置に出します。

33 星止めで端まで縫います。端の手前まで縫えたら、縫い始めと同様にテープエンドを折り込み、まつって玉止めをします。

34 ななめに折り込んだテープエンドの端を、さらに針で内側に折り込みみます。

35 ファスナーテープの端を千鳥がけで
押さえます。星止めも千鳥がけも、
裏打ち布とキルト綿だけをすくって、
表に針目が出ないようにします。

36 反対側のファスナーテープも同様
に本体裏に付けます。

37 裏側に型紙を合わせて、マチ付け
位置と中心の印を付けます。

38 マチにも型紙を合わせ、中心の印
を付けます。

39 本体後ろにマチを中表に合わせて
仮止めクリップで留めます。印をき
ちんと合わせます。

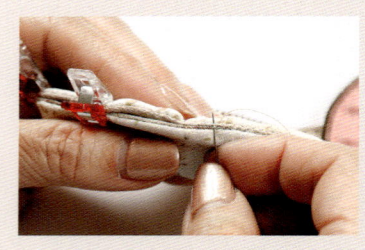

40 端から本体後ろとマチを巻きかが
りで縫います。ここですくうのは表
布同士です。端まで縫います。

41 端まで縫えたら本体前とマチを合
わせてクリップで留めます。本体前
と後ろの脇も合わせて留めておき
ます。

42 ファスナー端から0.5cmあけ、本体
前と後ろを巻きかがりで縫います。
そのまま本体前とマチ、反対側の
本体前と後ろの脇を縫います。

43 表布同士が縫えたら、裏打ち布同
士を巻きかがりで縫います。これで
表から見ても裏から見てもきれいな
仕上がりになります。

44 しっぽ2枚を中表に合わせて接着
キルト綿に重ね、返し口を残して周
囲を縫います。キルト綿と縫い代を
カットし、表に返します。

45 返し口にファスナーの引き手を入
れ、まつってとじます。引き手が抜け
ないように、しっかりと縫います。

46 うさぎのポーチの完成です。いぬと
ねこも仕立て方は同じです。

ファスナーの引き手がしっぽになっているのがかわいい。

large and
small quilts

いちばんの基本、キルト。
毎日使うなら、シンプルなデザインを好きな色で
きちんと仕立ててあるのが心地よい。

三角形、四角形、六角形と同じ形
のピースをひらすら縫い合わせるの
がワンパッチ。同じ形なので、型紙
も1枚、布をカットするのも簡単です。
シンプルだからこそ奥が深い、飽き
のこない永遠の定番といえます。

35

ハニコムのキルト

はちの巣のような大きな六角形が組合わ
さったキルトです。ピースの大きさと色の
組み合わせがほどよく上品で、ソファにか
けても敷いても部屋になじんでくれます。

142×140cm
How to make ※ **P.86**

ミニマット

正方形をつないだシンプルなキルトで
す。ただつなぐだけでなく、菱形の向き
につないで形を生かしたデザインにした
り、キルティングの向きを交互に変えた
りと楽しみながら作ります。

28×39cm
How to make ※ P.87

ドアマット

38ページのミニマットと同じデザインの大きさ違いです。一つ一つの正方形を大きくしました。

56×79cm
How to make ※ P.87

ヘキサゴンのタペストリー

小さなヘキサゴンをつないだ、1枚は作っ
てみたい定番のキルトです。ベージュやピ
ンクなどの淡くやさしい色をベースに、と
ころどころに濃い色を入れて引き締めます。

82×85cm
How to make ※ P.90

リングのタペストリー

シンプルですが、リングが連続して共有
することで、複雑なおもしろさが生まれ
るデザインです。ピーシングではなくて
アップリケで作ります。

50×50cm
How to make ※ **P.88**

アップリケとリバースアップリケ

リングのデザインでアップリケの解説をします。内側は布をくり抜いて下の布を見せるリバースアップリケです。

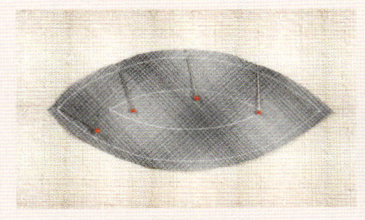  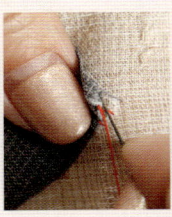

1 台布（下になる布）の上にアップリケする布を重ねてまち針で留めます。

2 どこから始めてもかまいませんが、ここでは端から始めます。布を押さえ、印に沿って針先で縫い代を内側に折り込んでまつります。

3 端までまつったら、角の縫い代を直角に折り込みます。続いて次の辺を少し折り込みます。

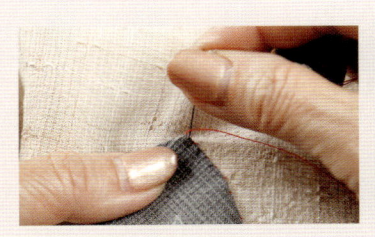  

4 角に針を出し、台布に垂直に針を入れます。これで角をひと針縫い止めます。

5 角が縫えたら、次の辺の縫い代を針先で折り込んでまち針で留めます。そのまま次の辺に針を出してまつります。

6 外側が縫えたら、内側をリバースアップリケします。縫い代0.3cmほどを残してくり抜きます。角には切り込みを入れます。

  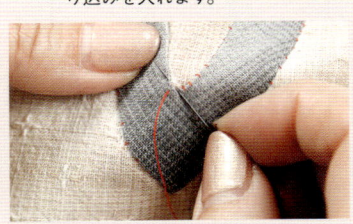

7 針先で縫い代を折り込みながら、同様にまつります。角まで縫えたら、角に針を出します。

8 角のきわに直角に針を入れます。角はほかの部分よりも細かくまつるときれいです。

9 次の辺に針を出し、同様にまつります。角を縫うのは少し難しいですが、角をきっちり出すことできれいに見えます。

バイヤステープの作り方

バイヤステープとは、キルトの周囲を始末するときなどに使う、バイヤス地に裁った細長いテープ状の布のことです。

1 カッターマットの上に布を広げ、定規を45度に当ててロータリーカッターでカットします。必要な幅の帯状にカットします。

2 長さが必要なときは、テープ同士をつなぎます。2本が直角になるように中表に合わせ、へこんだ部分からへこんだ部分までを細かく縫います。

3 広げて縫い代をアイロンで割ります。縫い代の飛び出した部分は、テープに沿ってカットします。

ハートとコーヒーカップのミニキルト

小さな小さなかわいいサイズ。9分割の中にパターンとキルティングを交互に配置し、周囲にボーダーを付けて仕上げる基本の形です。

ハート29.5×29.5cm　コーヒーカップ37.5×37.5cm
How to make ※ ハート P.91　コーヒーカップ P.92

ドレスデンプレートと
クロシェのクッション

キルトとクロシェの花モチーフを組み合わせ
て作る、かわいいクッションです。モチーフ
は一つ一つを作りためるのが楽しくなります。

四角37×37cm　ハート36×44cm
How to make ※ 四角 **P.96**　ハート **P.93**

ドレスデンプレートのモチーフの作り方

花のようなかわいいパターンです。
パターンでは台布に花びらをまつりますが、ここでは立体の花の形のモチーフに仕上げます。

表

裏

1　花びらのピース8枚と中心の花芯1枚、それぞれの型紙を用意します。ほかにも接着キルト綿と裏打ち布が必要です。

2　花びら8枚をピーシングします。外側の印から縫い始め、内側の布端まで縫います。ぐるりと花びらがつながりました。縫い代は同じ方向に片倒しします。

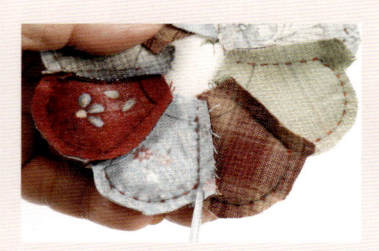

3　花びらと裏打ち布を中表に合わせ、接着キルト綿の接着面を下にして重ねます。花びらの外側のカーブを縫います。縫い代は縫わないように。

4　縫い代を、接着キルト綿は0.2cm、花びらと裏打ち布は0.5cmほど残してカットします。へこんだ縫い代に切り込みを入れます。

5　花びらの形になりました。切り込みはキルト綿までしっかり入れておきましょう。

6　中心から花びらを1枚ずつ引き出して表に返します。鉗子を使うと便利です。

7　すべての花びらを表に返し、花びらのカーブをきれいに整えます。

8　中心の花芯を作ります。周囲をぐし縫いし、型紙を入れてぐし縫いを引き絞ります。アイロンで形を付けて型紙を抜きます。

9　花びらの中心に花芯を重ね、アイロンで押さえて接着キルト綿に接着します。

10　花芯の周囲を花びらにまつります。

11　ドレスデンプレートのモチーフの完成です。

クロシェのモチーフの編み方

コットンのレース糸を、レース針の2号で編みます。各編み方の図は、基本の編み方です。
花ごとに色を変えても、同じ色で編んでもどちらもかわいく仕上がります。

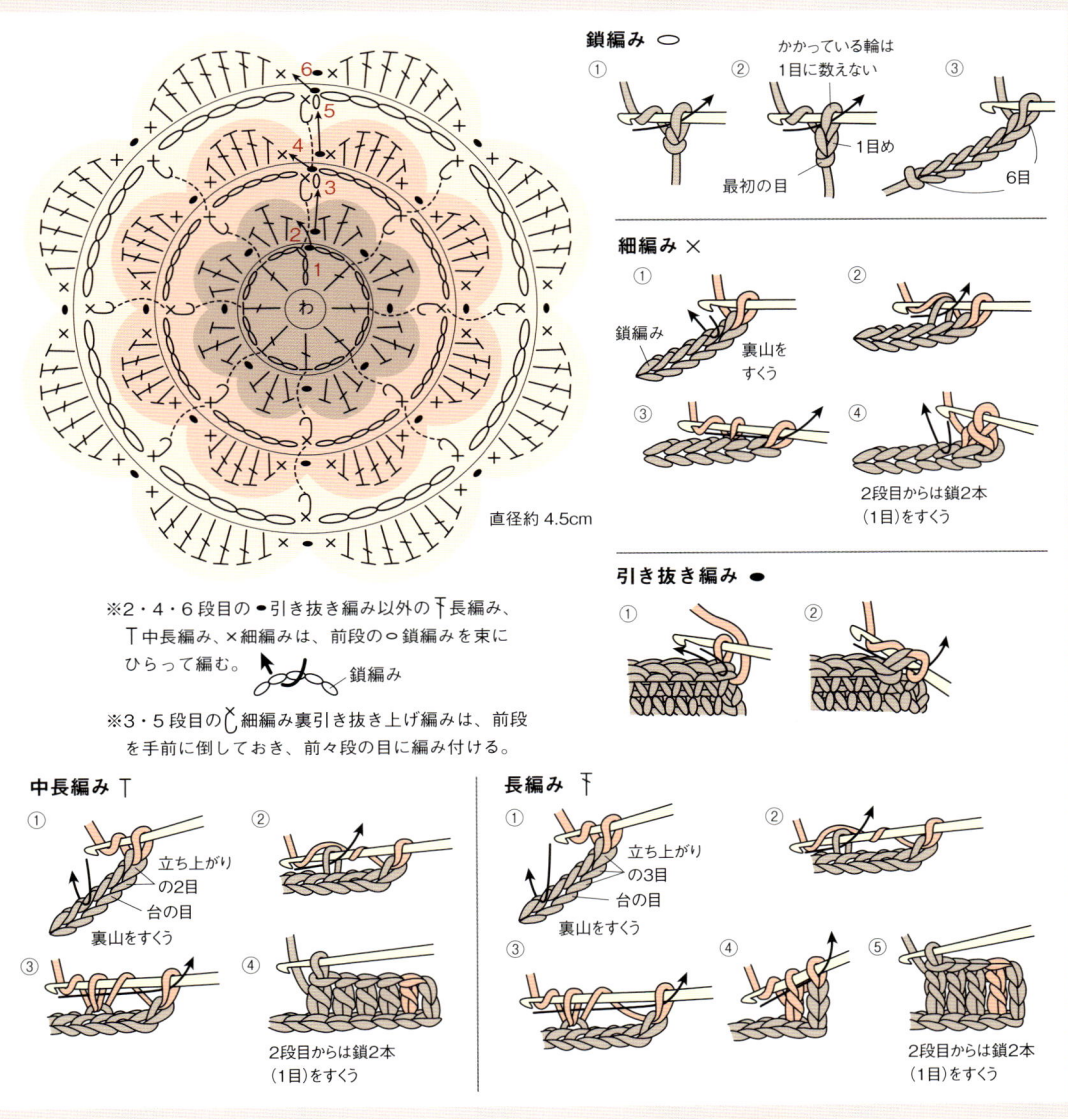

直径約 4.5cm

鎖編み ⚊
① ② かかっている輪は
1目に数えない
最初の目 1目め
③ 6目

細編み ×
① 鎖編み 裏山を
すくう
②
③ ④ 2段目からは鎖2本
(1目)をすくう

引き抜き編み ●
① ②

※2・4・6段目の⊤引き抜き編み以外の⊤長編み、
⊤中長編み、×細編みは、前段の⚊鎖編みを束に
ひろって編む。⚊⚊ 鎖編み

※3・5段目の細編み裏引き抜き上げ編みは、前段
を手前に倒しておき、前々段の目に編み付ける。

中長編み ⊤
① 立ち上がり
の2目
台の目
裏山をすくう
②
③ ④ 2段目からは鎖2本
(1目)をすくう

長編み ⊤
① 立ち上がり
の3目
台の目
裏山をすくう
②
③ ④ ⑤ 2段目からは鎖2本
(1目)をすくう

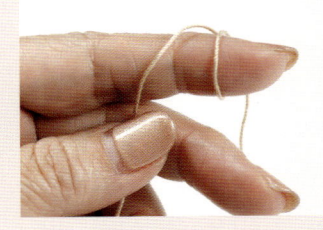

1 糸端を10cmほど残して人差し指
に糸を1回巻きます。

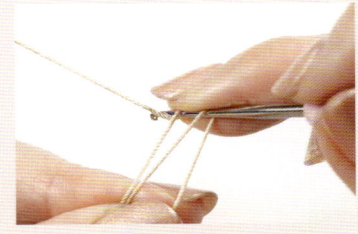

2 輪にレース針に通して指を抜き、親
指と中指で輪をつまみます。レース
針で糸をかけて引き抜きます。

3 再度レース針に糸をかけて引き抜
きます。これで作り目ができまし
た。

4 1段目を編みます。立ち上がりの鎖3目と鎖2目を編みます。

5 次にレース針に糸をかけ、作り目の輪に入れて長編みを編みます。

6 長編みが編めました。鎖2目、長編みのセットを7回くり返します。

7 最後に鎖2目を編みます。次に引き抜き編みをして1段目を円にとじます。

8 立ち上がりの鎖3目めにレース針を入れ、糸をかけて引き抜きます。

9 最初に残した糸端を引くと、中心の輪がしまります。

10 2段目を編みます。レース針に糸をかけ、1段目の鎖の下に通して中長編み、長編み、中長編み、引き抜き編みと編み図の通りに編みます。

11 2段目の最後は糸を変えて引き抜き編みをします。

12 3段目を編みます。1目鎖編みをします。

13 1段目の鎖編みに裏側からレース針を通し、また裏にレース針を出します。

14 レース針に糸をかけ、1段目の鎖編みを引き抜きます。

15 レース針に糸をかけ、2つ一度に引き抜きます。鎖5目を編み、1段目の鎖編みに引き抜くことを8回くり返します。

16 4段目を編みます。糸端を3段目の鎖編みに重ねて一緒に引き抜き編みをします。

17 編み図の通りに、細編み、中長編み、長編み3回、中長編み、細編みをします。糸端も一緒に編み込んだので、余分な糸端はカットします。

18 4段目が編めました。

19 また糸を変えて引き抜き編みをします。

20 5段目を編み図の通りに編みます。1目鎖編みをし、13〜15と同じ要領で編みます。

21 引き抜き編みをし、6段目を編みます。

22 6段目が編めました。最後の糸の処理をします。

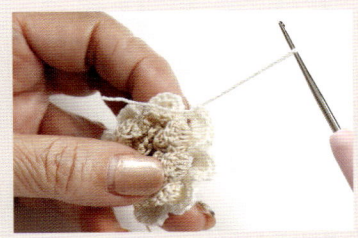

23 引き抜き編みをしてとじます。糸端を10cmほどの長さにカットして引き抜きます。

24 とじ針に糸を通し、6段目の最初の編み目に通します。そのまま最後の編み目に戻って通します。これで、鎖編みのようにつながって見えます。

25 6段目の裏側の根元に通し、余分な糸をカットします。

26 1段目の最初の糸端も、同様に裏側に通してカットします。

表　　裏

27 モチーフが完成しました。

daily bag

バッグの形やサイズの好みは人それぞれ。
目的によっても違います。
使い勝手のよい形で洋服にも合わせやすい
シンプルなデザインのバッグをセレクトしました。

クロシェのタウンバッグ

八角形とクロシェのモチーフを組み合わせた
バッグです。落ち着いた色合いにクロシェの
花がぱっと咲いてポイントになっています。

24×26cm
How to make ※ **P.98**

クロシェのミニバッグ

こちらは少し小さめのおしゃれバッグ。口をスカラップにしてよりフェミニンな仕上がりになりました。

22.5 × 22cm
How to make ※ P.100

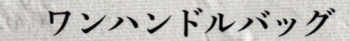

ワンハンドルバッグ

丸底に縦に長い形がユニーク。ワ
ンハンドルは手に持つだけでなく
腕にかけても持ちやすい形です。

29 × 26cm
How to make ※ P.102

先染めチェックの布はバイヤスに裁って、下とチェックの向きを変えています。

口は大きく開いたままにならないように、金具で止める仕組みです。

スカラップバッグ

ふわっとまるい形がかわいいバッ
グ。底が広いので物がたっぷり入り
ます。シンプルなデザインは甘くな
りすぎずに、ちょうどいいかわいら
しさをプラスしてくれます。

22×28cm
How to make ※ P.104

大きめタウンバッグ

パターンもバッグの形も四角で、かっちりとしたメンズっぽい雰囲気があります。A4サイズの書類が入るサイズです。

30×33cm

How to make ※ P.106

インディアンハチェットの
ショルダーバッグ

インディアンハチェットのパターンをふた
にあしらったショルダーバッグ。ハチェッ
トとは斧という意味です。ピースを回転さ
せて格子のようなデザインにしています。

16×25cm
How to make ※ P.108

後ろはナイロンポケット付き。

口はひねり金具で止める仕様。付け方は 24 ページで解説しています。

グラニーバッグ

綿麻の布1枚で作るグラニーバッグです。
本体の形は一緒ですが、持ち手が違うので
本体の口の形が違ってきます。お気に入り
の大柄を使うのにおすすめです。

29×40cm
How to make ※ P.110

How to make

作品の作り方

- 図中の数字の単位は cm です。
- 構成図や図案の寸法には、特に表示のない限り縫い代を含みません。通常、縫い代はピーシングは 0.7cm、アップリケは 0.5cm、仕立ては 1cm くらいを目安に。裁ち切りと表示のある場合は、縫い代を付けずに布を裁ちます。
- ここでは接着キルト綿は、接着面を本体にアイロンで接着しています。接着面が本体側になるように重ねてください。
- 指示のない点線は、縫い目、キルティングやステッチのラインを示しています。
- キルティングをすると少し縮むので、キルト綿や裏打ち布は大きめにカットしてトップ（表布）と合わせ、キルティングした後で寸法通りにカットしてください。
- キルティングや仕立てはミシンでも手縫いでもかまいません。
- 図中のアルファベット「S」はステッチの略です。
- 刺繍糸はステッチヤーンを使用しています。25 番の刺繍糸を使用する場合は、2 本取りにしてください。
- 作品の出来上がりは、図の寸法と多少差の出ることがあります。
- 用尺は幅×長さ、出来上がり寸法は縦×横で表記しています。

よく使うステッチのしかた

千鳥がけ

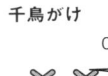

0.1cm

ファスナー

星止め

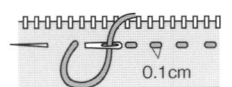

0.1cm

返し縫い

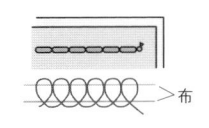

布

コの字とじ

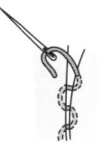

外表にして端と端を
突き合わせ
左右を交互にすくう

巻きかがり

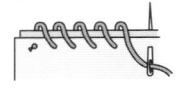

たてまつり

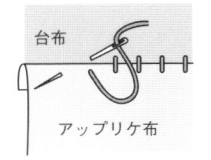

台布

アップリケ布

出来上がり寸法　大9×20cm
中6×16cm　小5×9cm

※ 材料
大　ピーシング用布各種　A用布25×35cm　B用布30×10cm　タブ用布10×10cm　裏打ち布（テープ分含む）、接着キルト綿各35×40cm　長さ25cmファスナー1本

中　C用布20×25cm　D用布5×25cm　E用布10×25cm　F用布25×10cm　タブ用布10×10cm　裏打ち布（テープ分含む）、接着キルト綿各30×30cm　長さ20cmファスナー1本

小　ピーシング用布各種　G用布15×20cm　H用布20×10cm　タブ用布10×10cm　裏打ち布（テープ分含む）、接着キルト綿各20×25cm　長さ12cmファスナー1本

※ 作り方のポイント
・★印同士をきちんと突き合わせてたたむ。

※ 作り方
1. ピーシングをして、本体のトップをまとめる。
2. トップと裏打ち布を中表に合わせ、接着キルト綿を重ねて口を縫う。
3. 表に返して接着キルト綿を接着し、しつけをかけてキルティングする。
4. 本体の口にファスナーを付ける。
5. タブを作る。
6. ★印同士を突き合わせてたたみ、タブをはさんで両脇を縫う。
7. 縫い代をテープでくるんで始末する。

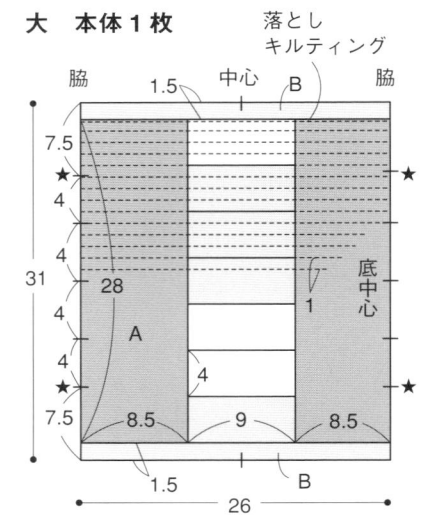

大　本体1枚

タブ4枚
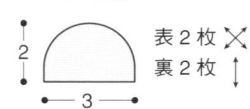
表2枚　裏2枚

中　本体1枚
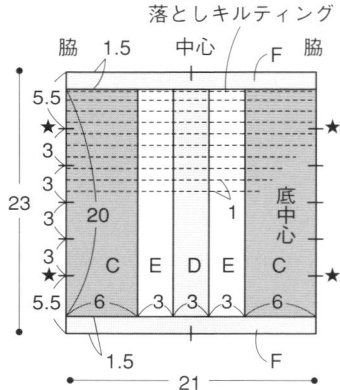

小　本体1枚
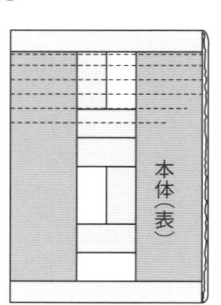

タブの作り方
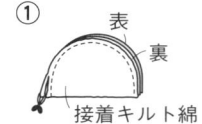

① 表　裏　接着キルト綿
2枚を中表に合わせて接着キルト綿を重ねて縫い縫い代の接着キルト綿をカットする

② 0.3 ステッチ　表
表に返して接着キルト綿を接着し周囲をステッチで押さえる

仕立て方
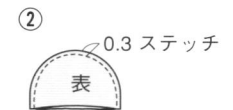

① 裏打ち布（表）　トップ（表）　接着キルト綿
トップと裏打ち布を中表に合わせ接着キルト綿を重ねて口を縫い縫い代の接着キルト綿をカットする

② 本体（表）
表に返して接着キルト綿を接着し、しつけをかけてキルティングする

③

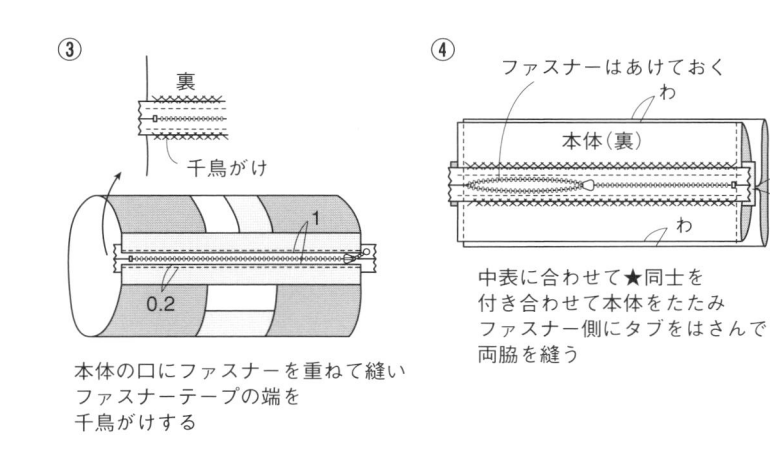

裏

千鳥がけ

1

0.2

本体の口にファスナーを重ねて縫い
ファスナーテープの端を
千鳥がけする

④

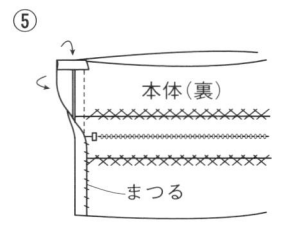

ファスナーはあけておく

わ

本体（裏）

わ

★

タブ

中表に合わせて★同士を
付き合わせて本体をたたみ
ファスナー側にタブをはさんで
両脇を縫う

⑤

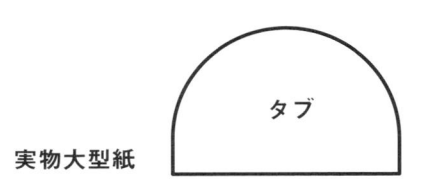

本体（裏）

まつる

両脇の縫い代を
テープでくるんで始末する

タブ

実物大型紙

刺繍の刺し方

コロニアルノットステッチ

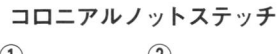

① 1出

② 8の字にかける

③ 2入　この糸を少し引き
1出のすぐそばに
針を刺す

フレンチノットステッチ

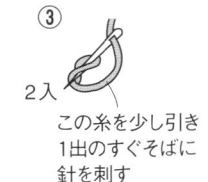

① 1出　1～2回巻く

② 2入　糸を引き、1出の
すぐそばに針を刺す

③

ヘリンボーンステッチ

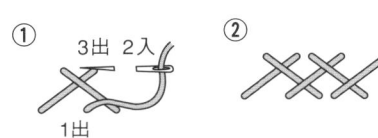

① 3出　2入
1出

②

バックステッチ

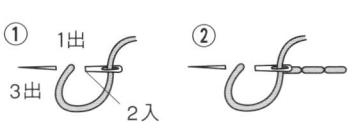

① 1出
3出　2入

②

ストレートステッチ

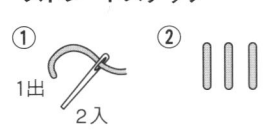

① 1出
2入

②

※ 材料

ピーシング、アップリケ、つつみボタン用布
各種　A用布35×15cm　接着キルト綿
35×30cm　裏打ち布（ポケット分含む）
90×45cm　接着芯75×40cm　パイ
ピング用幅3.7cmバイヤステープ120cm
直径2cmつつみボタン4個　長さ45cm
両開きフリースタイルファスナー1本　直
径1.3cm花モチーフレース4個　ステッチ
ヤーン、キルト綿適宜

※ 作り方のポイント

・ ポケットにはすべて裁ち切りの接着芯を
　はる。
・ 刺繍の刺し方は67ページ参照。

※ 作り方

1. ピーシング、アップリケをして本体のトッ
   プをまとめる。
2. 裏打ち布、接着キルト綿にトップを重
   ねて接着し、しつけをかけてキルティン
   グする。刺繍をして花のモチーフレース
   を付ける。
3. ポケットA〜Dを作り、まとめる。
4. 本体にポケットを重ねてしつけをかけ
   る。
5. 内側の周囲にファスナーを仮留めする。
6. 本体の周囲をパイピングで始末する。
7. ファスナーにスライダーを通す。
8. つつみボタンを作り、ファスナーの先
   端をはさんでまつる。

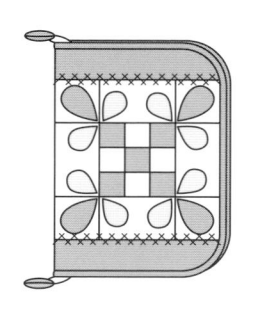

本体 1 枚

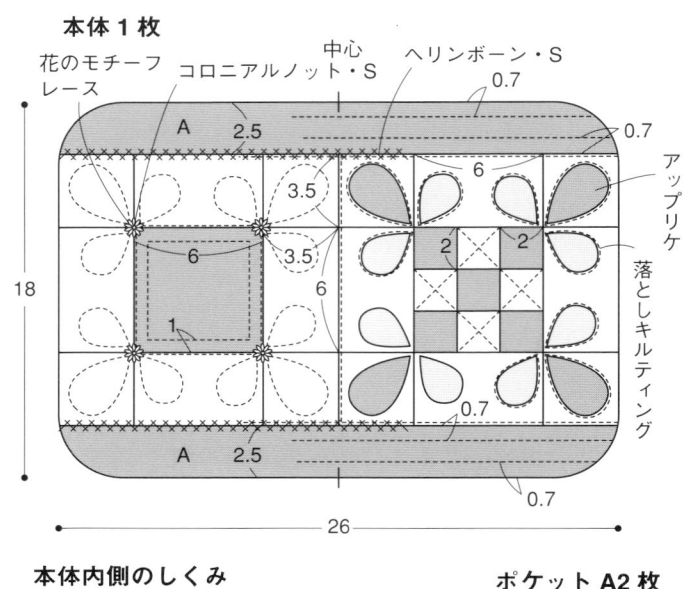

本体内側のしくみ

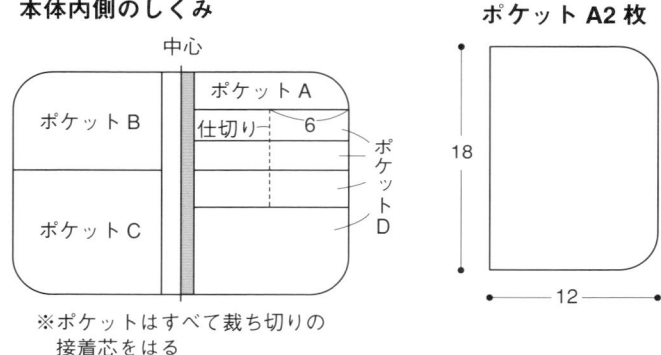

※ポケットはすべて裁ち切りの
　接着芯をはる

ポケット A2 枚

ポケット B2 枚　**ポケット C1 枚**　**ポケット D4 枚**

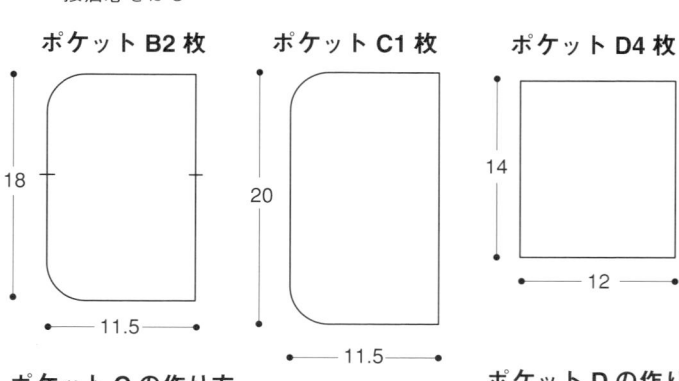

ポケット C の作り方　　**ポケット D の作り方**

外表に二つ折りし
口をステッチする

上下の縫い代を折り
外表に二つ折りして
口をステッチする

ポケット A・D のまとめ方

①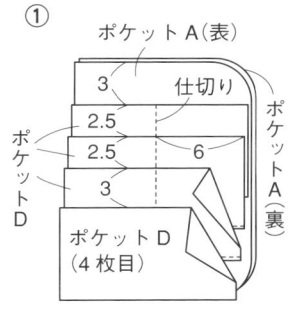

ポケット A（表）
仕切り
3
2.5
2.5
6
3
ポケット D
ポケット A（裏）
ポケット D（4枚目）

ポケット A を外表に合わせ
ポケット D を重ねて底を縫う
続けて 2 枚をずらして底を縫い
仕切りを縫う
4 枚目のポケット D を重ねる

②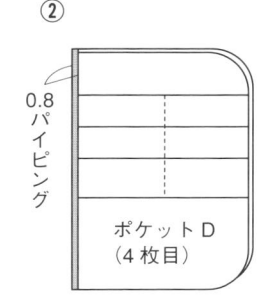

0.8 パイピング
ポケット D（4枚目）

4 枚目のポケット D の
右下角をカーブにカットし
左側をパイピングで始末する

ポケット B・C のまとめ方

①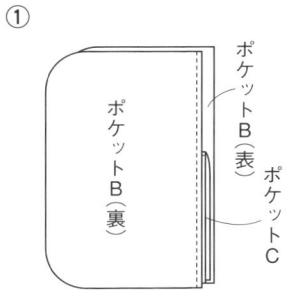

ポケット B（裏）
ポケット B（表）
ポケット C

ポケット B を中表に
合わせ、ポケット C を
はさんで縫う

②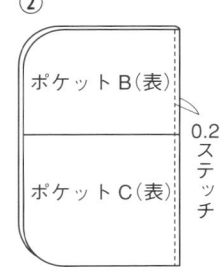

ポケット B（表）
ポケット C（表）
0.2 ステッチ

ポケット B を表に返し
端をステッチする

仕立て方

①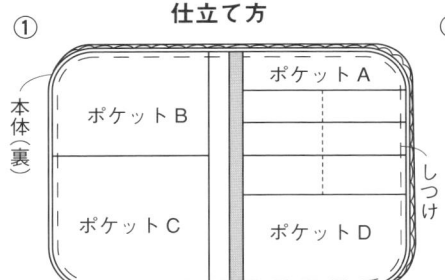

本体（裏）
ポケット B
ポケット A
ポケット C
ポケット D
しつけ

本体にまとめたポケットを
重ねてしつけで仮留めする

②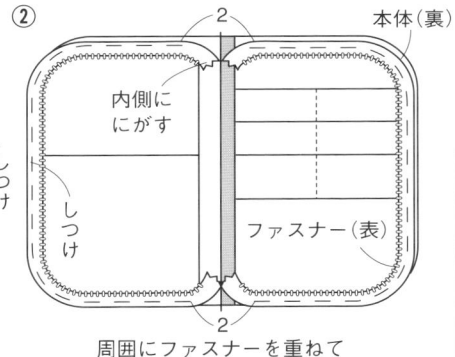

2
本体（裏）
内側に
にがす
しつけ
ファスナー（表）
2

周囲にファスナーを重ねて
しつけで仮留めし
ファスナー先は内側ににがす

③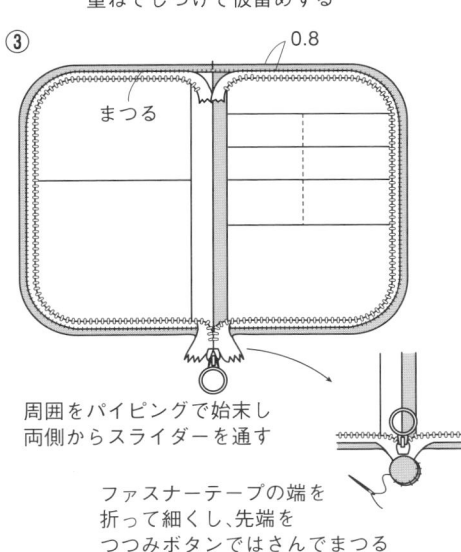

0.8
まつる

周囲をパイピングで始末し
両側からスライダーを通す

ファスナーテープの端を
折って細くし、先端を
つつみボタンではさんでまつる

つつみボタン 4 枚

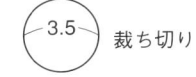

3.5　裁ち切り

つつみボタンの作り方

①

周囲をぐし縫いする

②

つつみボタン
キルト綿

つつみボタンにキルト綿を重ね
くるんでぐし縫いを引き絞る

実物大型紙

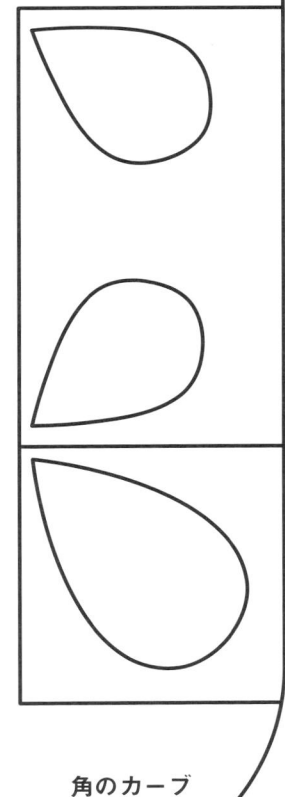

角のカーブ

※ 材料

ピーシング用布各種　本体用布（持ち手分含む）80×35cm　マチ用布40×20cm　持ち手裏布25×40cm　アルミ保温保冷シート80×30cm　幅1cmレース45cm

※ 作り方のポイント

- 持ち手の表布のみバイヤスにカットする。
- 本体とマチの裏布はアルミ保温保冷シートを使う。

※ 作り方

1. ピーシングをして本体の表布をまとめる。
2. 本体、持ち手、マチの表布と裏布をそれぞれ中表に合わせ、返し口と持ち手付け位置を残して周囲を縫う。
3. 表に返して、本体は返し口をとじ、周囲をステッチする。マチは持ち手を持ち手付け位置に入れ、マチの周囲をステッチする。
4. 本体の口にレースを付ける。
5. 本体とマチを中表に合わせ、巻きかがりで縫う。

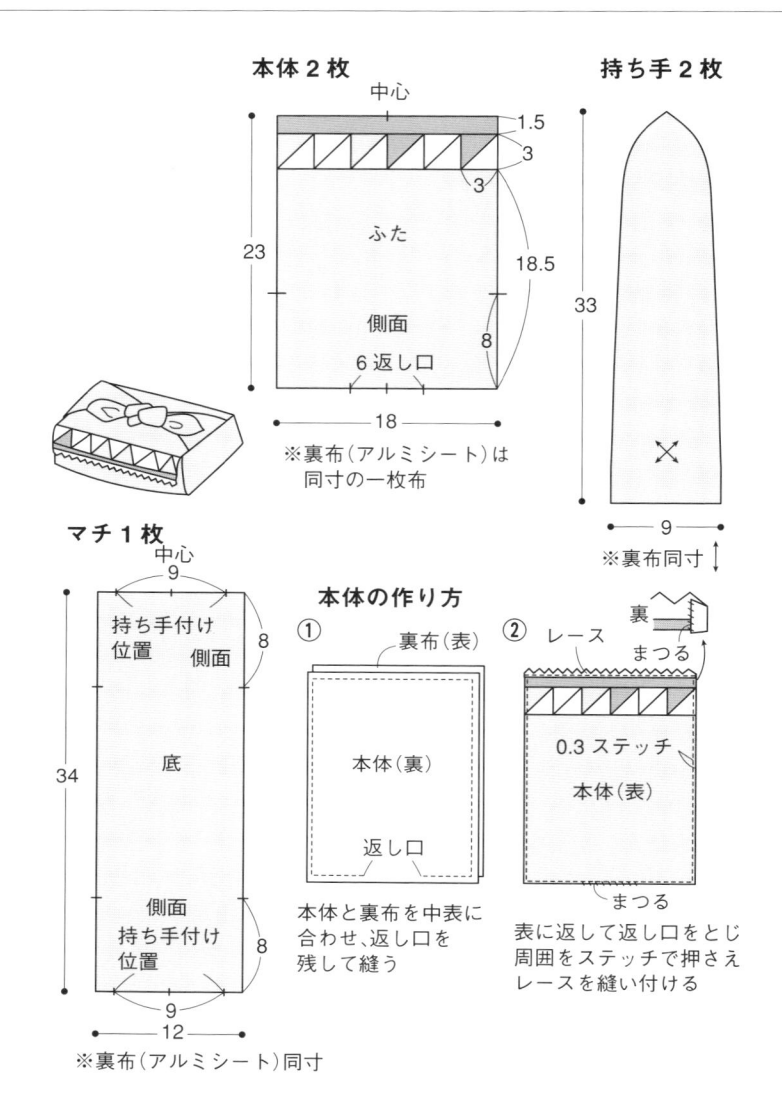

本体2枚

中心 / 1.5 / 3 / 3 / 23 / ふた / 側面 / 18.5 / 8 / 6 返し口 / 18

※裏布（アルミシート）は同寸の一枚布

持ち手2枚

33 / 9 / ※裏布同寸

マチ1枚

中心 / 9 / 持ち手付け位置 / 側面 / 8 / 底 / 34 / 側面 / 持ち手付け位置 / 8 / 9 / 12

※裏布（アルミシート）同寸

本体の作り方

① 裏布（表） / 本体（裏） / 返し口

本体と裏布を中表に合わせ、返し口を残して縫う

② レース / 裏 / まつる / 0.3 ステッチ / 本体（表） / まつる

表に返して返し口をとじ周囲をステッチで押さえレースを縫い付ける

持ち手の作り方

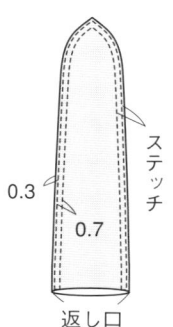

ステッチ / 0.3 / 0.7 / 返し口

表布と裏布を中表に合わせて縫い表に返して周囲をステッチする

マチの作り方

① 持ち手付け位置 / 裏 / 持ち手付け位置

表布と裏布を中表に合わせ、持ち手付け位置を残して周囲を縫う

② 持ち手 / ステッチ / 0.3 / マチ（表）

マチを表に返し持ち手付け位置に持ち手を入れマチの周囲をステッチする

仕立て方

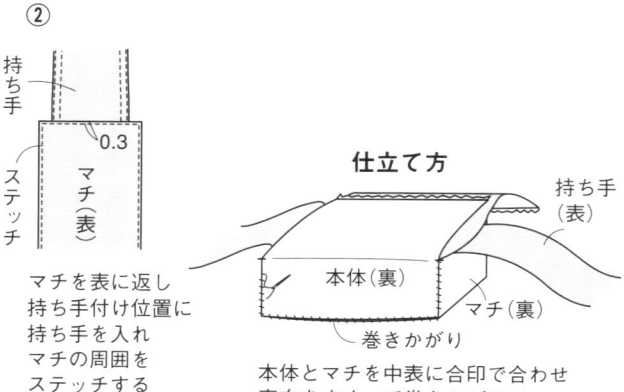

持ち手（表） / 本体（裏） / マチ（裏） / 巻きかがり

本体とマチを中表に合印で合わせ表布をすくって巻きかがりで縫い合わせる

実物大型紙

持ち手

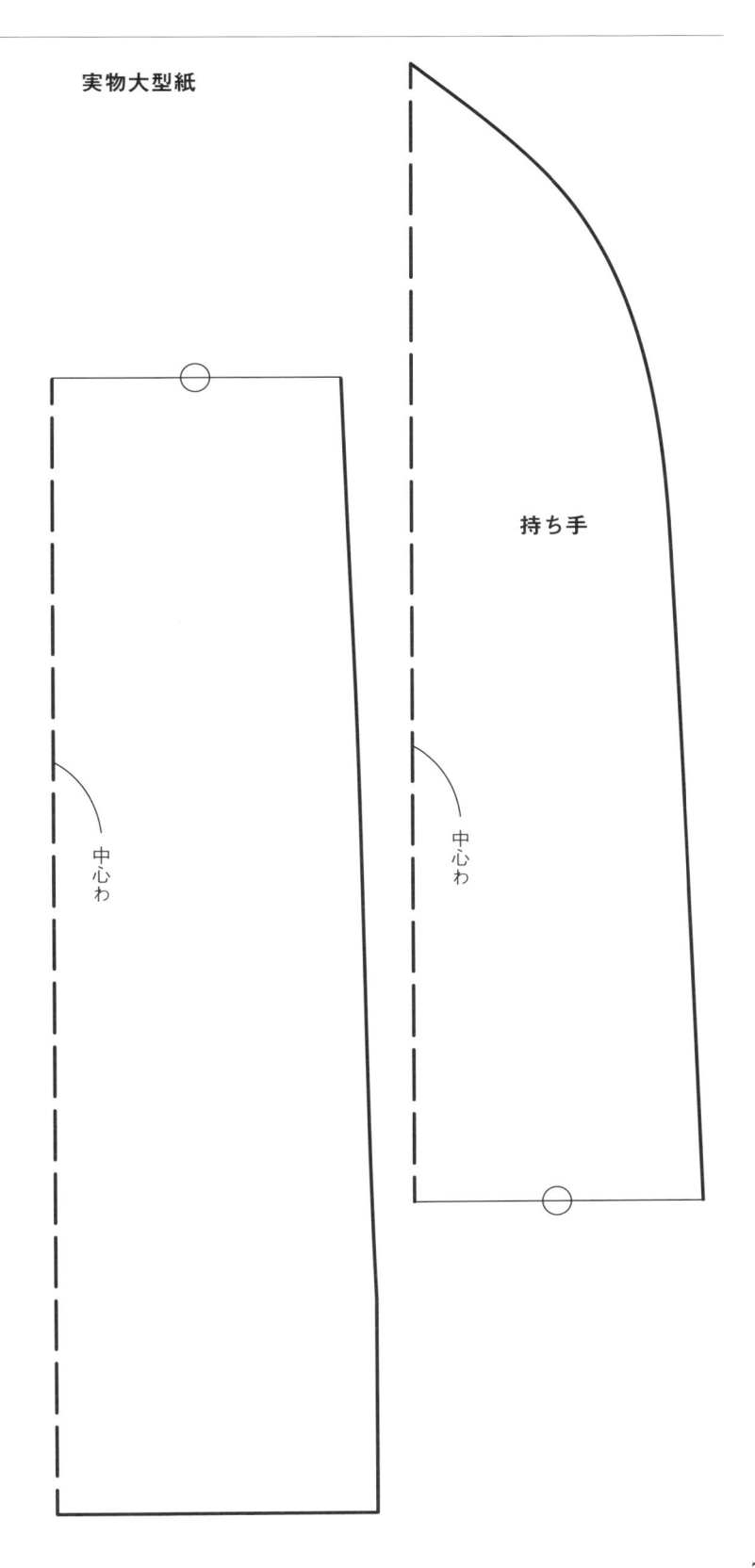

中心わ

中心わ

　　　　　　　　出来上がり寸法　25×8cm

※ 材料

ピーシング用布各種　A用布10×30cm
B用布（持ち手、底分含む）45×30cm
パイピング用幅3.7cmバイヤステープ
30cm　接着キルト綿40×35cm　裏打
ち布、中袋用布各40×30cm

※ 作り方のポイント

・本体はピーシング部分をA、Bにアップ
　リケする。

※ 作り方

1. ピーシング、アップリケをして本体のトッ
　プをまとめる。底のトップは一枚布。

2. 裏打ち布、接着キルト綿にトップを重
　ねて接着し、しつけをかけてキルティン
　グする。

3. 本体を中表に輪に縫い、底を中表に合
　わせて縫う。中袋も同様に縫う。

4. 本体と中袋を外表に合わせ、口をパイ
　ピングで始末する。

5. 持ち手を作り、本体に縫い付ける。

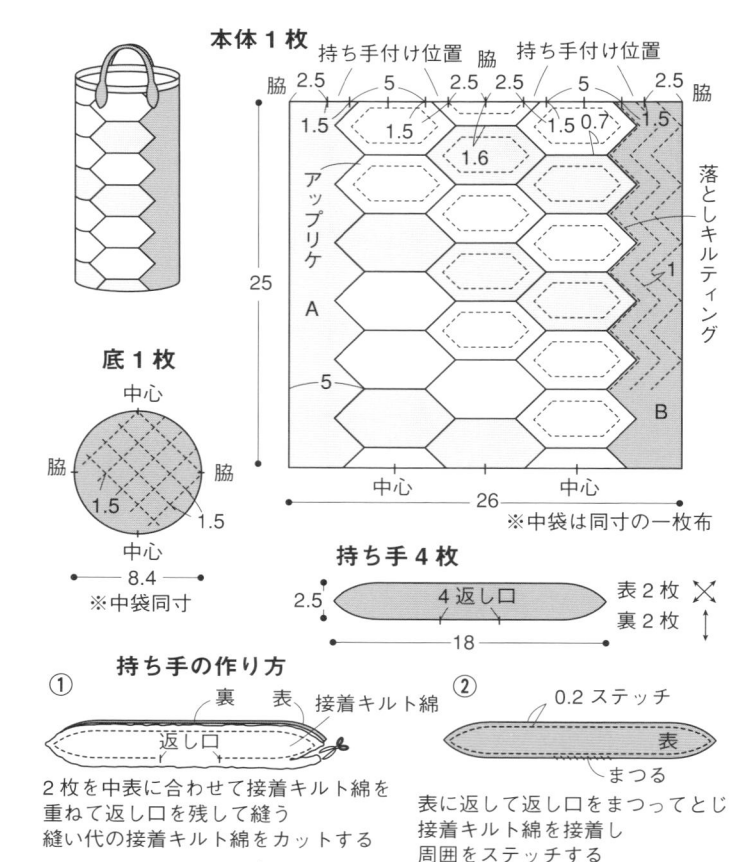

本体 1 枚

底 1 枚

持ち手 4 枚

持ち手の作り方

① 2枚を中表に合わせて接着キルト綿を
重ねて返し口を残して縫う
縫い代の接着キルト綿をカットする

② 表に返して返し口をまつってとじ
接着キルト綿を接着し
周囲をステッチする

③ 二つに折り、中央を縫う

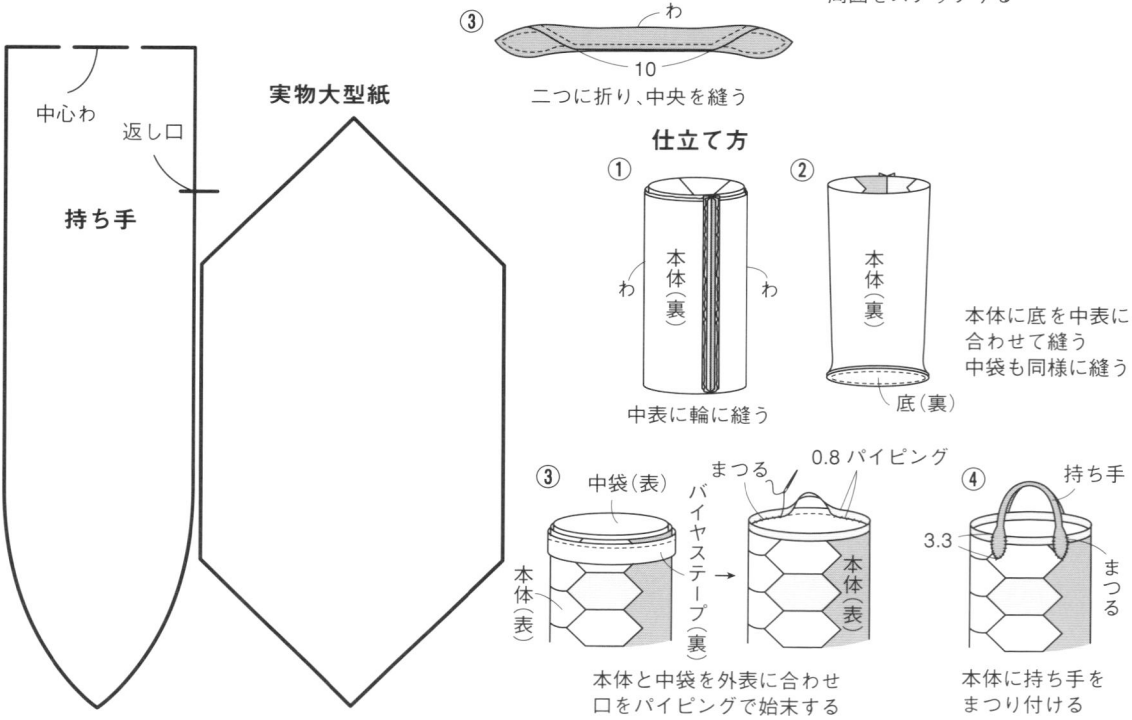

実物大型紙

持ち手

仕立て方

① 中表に輪に縫う

② 本体に底を中表に
合わせて縫う
中袋も同様に縫う

③ 本体と中袋を外表に合わせ
口をパイピングで始末する

④ 本体に持ち手を
まつり付ける

※ 材料 （ ）は小の寸法

本体前用布2種各20×15（15×10）cm
本体後ろ用布25×25（20×20）cm 接
着キルト綿、裏打ち布各45×25（30×
20）cm パイピング用幅3.7cmバイヤス
テープ65（45）cm つつみボタン用布10
×10cm 直径2.4（2）cmつつみボタン4
個 長さ23（18）cm両開きフリースタイ
ルファスナー1本 幅1cmレース40（30）
cm キルト綿適宜

※ 作り方のポイント

• 本体前は正円を高さ8cmと5cmにカッ
  トする。布をバイヤスにとるなど、柄の
  方向を変えるとおもしろい。

※ 作り方

1. 本体前のトップと裏打ち布を中表に合
   わせ、接着キルト綿を重ねて口を縫う。
2. 表に返して接着キルト綿を接着し、キ
   ルティングする。
3. 口にファスナーを付ける。
4. レースを重ねて縫う。
5. 裏打ち布、接着キルト綿に本体後ろの
   トップを重ねて接着し、しつけをかけて
   キルティングする。
6. 本体後ろの周囲をぐし縫いし、本体前
   に合わせて引き絞って縮める。
7. 本体前と後ろを外表に合わせて周囲を
   縫う。
8. 縫い代をパイピングで始末する。
9. つつみボタンを作り、ファスナーの両
   端をはさんでまつる。

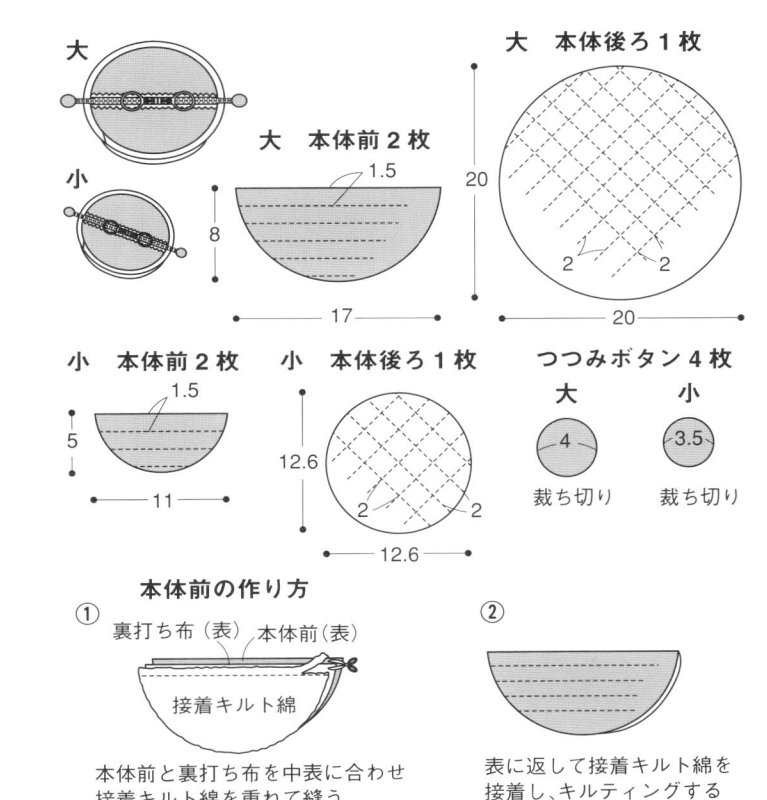

本体前の作り方

① 裏打ち布（表） 本体前（表） 接着キルト綿

本体前と裏打ち布を中表に合わせ
接着キルト綿を重ねて縫う
縫い代の接着キルト綿をカットする

② 表に返して接着キルト綿を
接着し、キルティングする

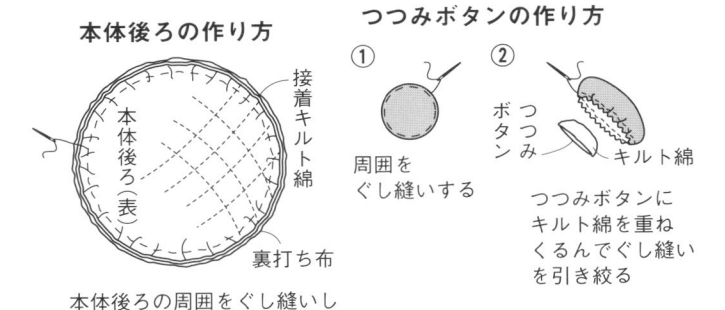

本体後ろの作り方

接着キルト綿　本体後ろ（表）　裏打ち布

本体後ろの周囲をぐし縫いし
本体前の周囲の長さに合わせる

つつみボタンの作り方

① 周囲を
ぐし縫いする

② ボタン つつみ ボタン つつみ キルト綿

つつみボタンに
キルト綿を重ね
くるんでぐし縫い
を引き絞る

仕立て方

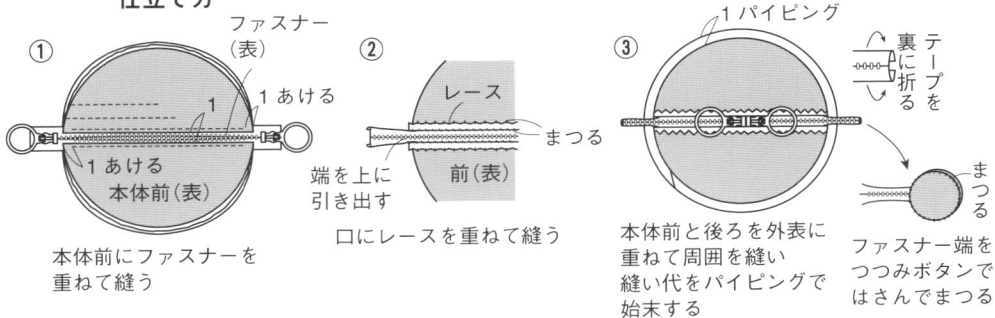

① ファスナー（表）　1あける　1あける
本体前（表）

本体前にファスナーを
重ねて縫う

② レース　まつる　前（表）
端を上に
引き出す

口にレースを重ねて縫う

③ 1パイピング　テープを裏に折る

本体前と後ろを外表に
重ねて周囲を縫い
縫い代をパイピングで
始末する

まつる
ファスナー端を
つつみボタンで
はさんでまつる

※ 材料

ピーシング用布各種　底用布25×10cm
接着キルト綿、裏打ち布、中袋用布各60
×25cm　幅14×5cmねじ止め式木工口
金1個

※ 作り方のポイント

・ 口金の付け方は17ページ参照。

※ 作り方

1. ピーシングをして本体のトップをまとめ
   る。底のトップは一枚布。
2. 裏打ち布、接着キルト綿にトップを重
   ねて接着し、しつけをかけてキルティン
   グする。
3. ダーツを縫う。
4. 本体と底を中表に合わせ、印から印ま
   で縫う。
5. 本体同士を中表に合わせ、口から縫い
   止まり位置まで縫う。
6. 中袋を底に返し口を残して本体同様に
   縫う。
7. 本体と中袋を中表に合わせ、口を両脇
   からそれぞれ 2.5cm を縫う。
8. 表に返して返し口をとじ、口を縫う。
9. 口金を付ける。

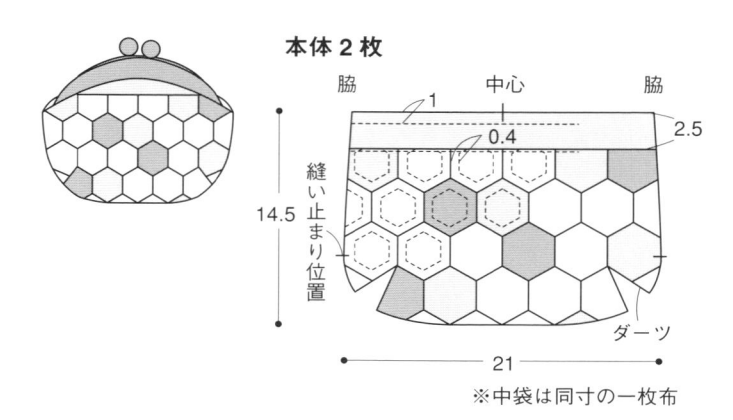

本体2枚

※中袋は同寸の一枚布

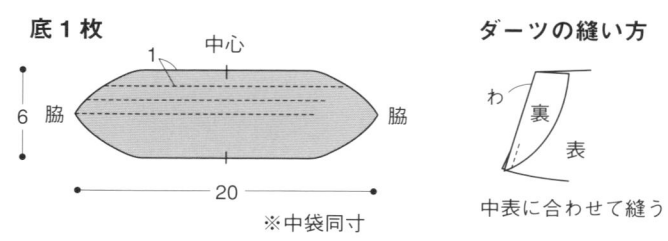

底1枚

※中袋同寸

ダーツの縫い方

中表に合わせて縫う

仕立て方

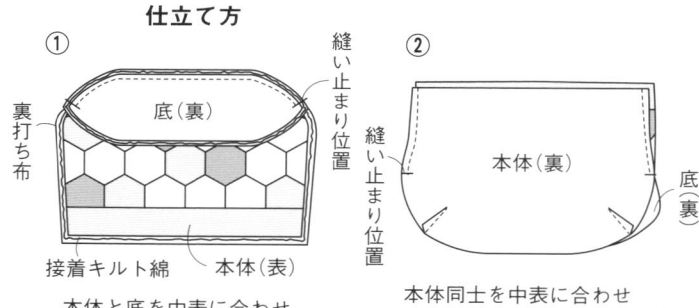

① 本体と底を中表に合わせ
印から印まで縫う
反対側も同様に縫う

② 本体同士を中表に合わせ
口から縫い止まり位置まで縫う
中袋を底に返し口を残して
同様に縫う

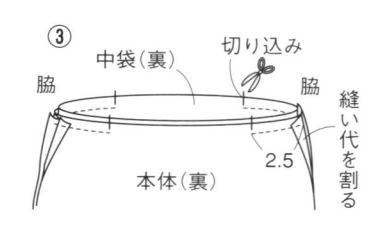

③ 本体と中袋を中表に合わせ
両脇からそれぞれ 2.5cm を縫い
縫い代に切り込みを入れる

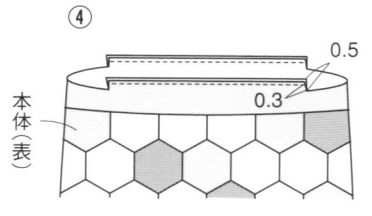

④ 表に返して返し口をまつってとじ
残した口の縫い代を縫い
縫い代を 0.5cm にカットする

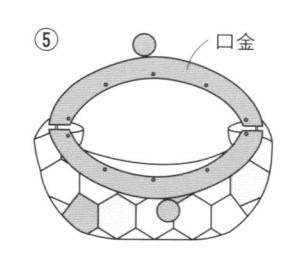

⑤ 口金を付ける

実物大型紙

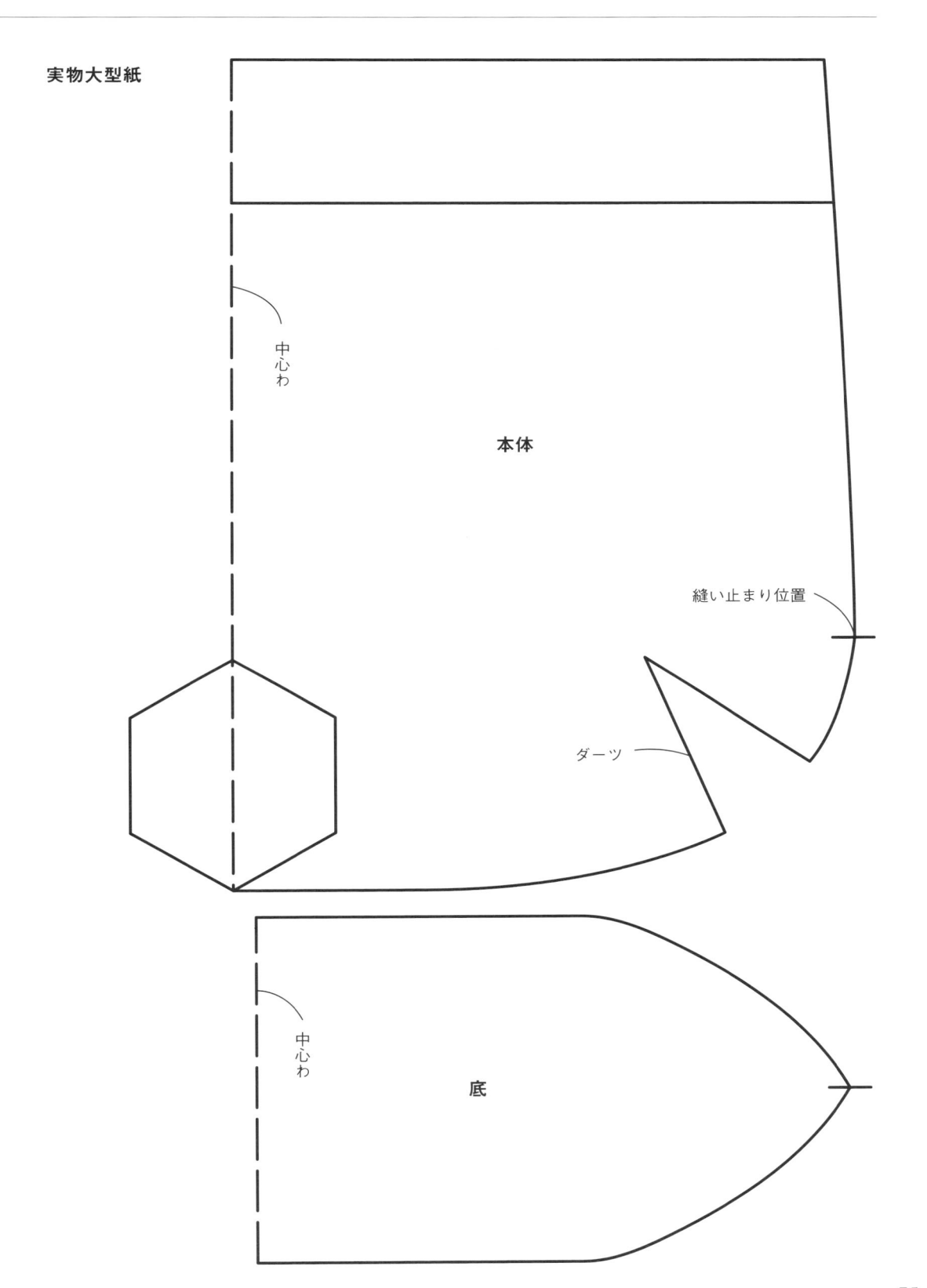

中心わ

本体

縫い止まり位置

ダーツ

中心わ

底

※ 材料

ピーシング、つつみボタン用布各種　底用布（マチ分含む）40×10cm　中袋用布（裏打ち布、つつみボタン分含む）70×30cm　パイピング用幅3.7cmバイヤステープ110cm　直径2.4cmつつみボタン4個　プラスチック板20×20cm　接着キルト綿30×25cm　長さ25cmフリースタイルファスナー1本

※ 作り方のポイント

・中袋を本体に入れてまつるとき、二つに曲げて入れ、ファスナーにまつり付ける。

※ 作り方

1. ピーシングをして本体のトップをまとめる。マチのトップは一枚布。
2. 裏打ち布、接着キルト綿にトップを重ねて接着し、しつけをかけてキルティングする。
3. マチの口をパイピングで始末する。
4. 本体とマチを外表に合わせて縫い、縫い代をパイピングで始末する。
5. 本体の口をパイピングで始末する。
6. 中袋を作り、プラスチック板を入れる。
7. 口にファスナーを付ける。
8. 本体に中袋を入れ、まつり付ける。
9. つつみボタンを作り、ファスナーの両端をはさんでまつる。

本体 1 枚　　落としキルティング　**マチ 2 枚**

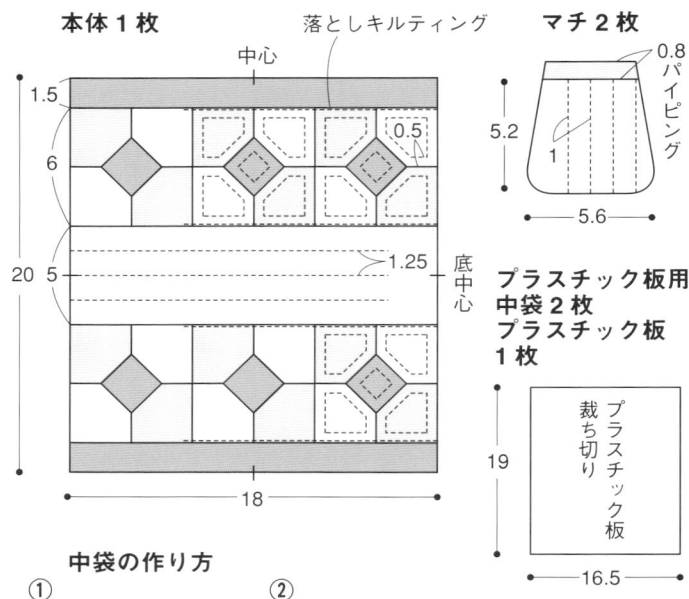

中心

**プラスチック板用
中袋 2 枚
プラスチック板
1 枚**

中袋の作り方

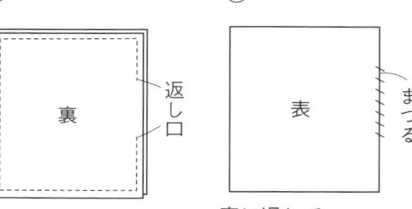

① 中表に合わせ
返し口を残して
周囲を縫う

② 表に返して
プラスチック板を
入れて返し口をとじる

つつみボタン 4 枚　つつみボタンの作り方

4
裁ち切り

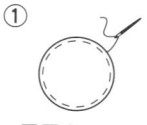
① 周囲を
ぐし縫いする

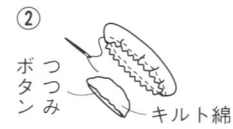
② つつみボタンにキルト綿を重ねくるんでぐし縫いを引き絞る

端はバイヤステープの下をまつる

仕立て方

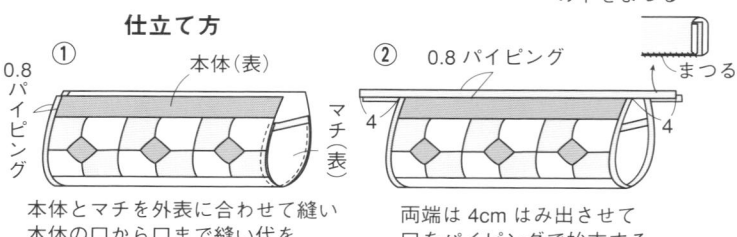

① 0.8 パイピング　本体（表）

本体とマチを外表に合わせて縫い本体の口から口まで縫い代をパイピングで始末する

② 0.8 パイピング　まつる

両端は 4cm はみ出させて
口をパイピングで始末する

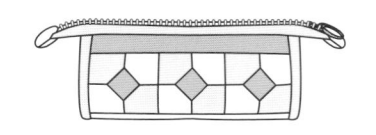

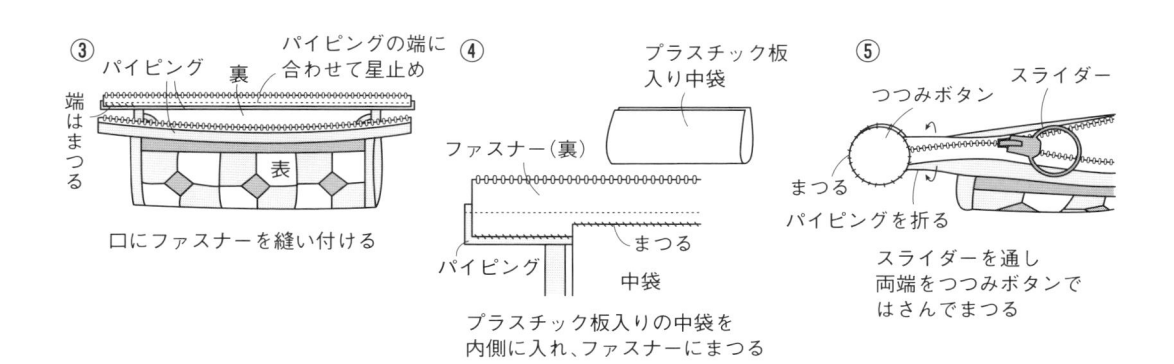

③ パイピング　裏　パイピングの端に合わせて星止め

端はまつる

表

口にファスナーを縫い付ける

④ プラスチック板入り中袋

ファスナー（裏）

パイピング　まつる

中袋

プラスチック板入りの中袋を
内側に入れ、ファスナーにまつる

⑤ つつみボタン　スライダー

まつる

パイピングを折る

スライダーを通し
両端をつつみボタンで
はさんでまつる

実物大型紙

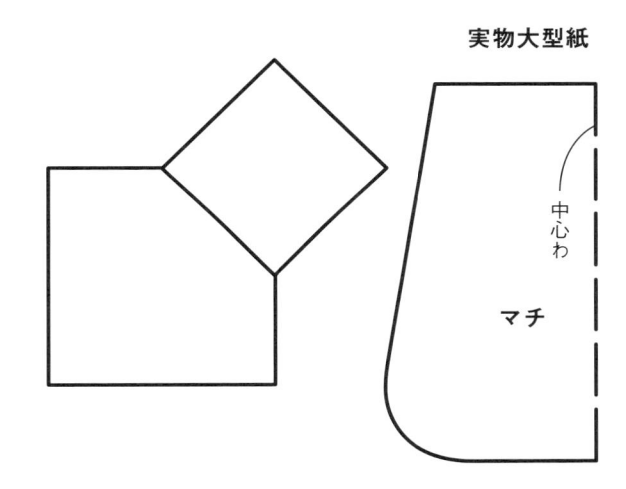

中心わ

マチ

※ 材料

ビッグポーチ　ピーシング用布各種　本体後ろ用布30×25cm　本体前用布30×15cm　ふた用布30×15cm　裏打ち布（当て布、縫い代始末用テープ含む）35×45cm　パイピング用幅3.7cmバイヤステープ（持ち手分含む）140cm　接着キルト綿30×45cm　幅1cmレース25cm　1.8×3.6cmひねり金具1組　ステッチヤーン適宜

ミニポーチ　ピーシング用布各種　本体後ろ用布20×15cm　本体前用布20×10cm　ふた用布15×10cm　裏打ち布（当て布、縫い代始末用テープ含む）20×25cm　パイピング用幅3.7cmバイヤステープ（ループ分含む）80cm　接着キルト綿20×25cm　幅1cmレース15cm　直径1.5cm花形マグネットボタン1組　内寸1.2cmDかん2個　ナスかん付き幅0.8cm長さ16.5cm持ち手1本　ステッチヤーン適宜

※ 作り方のポイント

・どちらも作り方は 21 ページ参照。

※ 作り方

1. ピーシングをしてトップをまとめる。
2. 裏打ち布、接着キルト綿にトップを重ねて接着し、しつけをかけてキルティングをする。
3. 刺繍をしてレースを付ける。
4. タックを寄せて周囲をパイピングで始末する。
5. 底中心から中表に合わせて脇を巻きかがりし、マチを縫う。
6. 持ち手またはループを作って付ける。
7. ひねり金具またはマグネットボタンを付け、当て布を付ける。

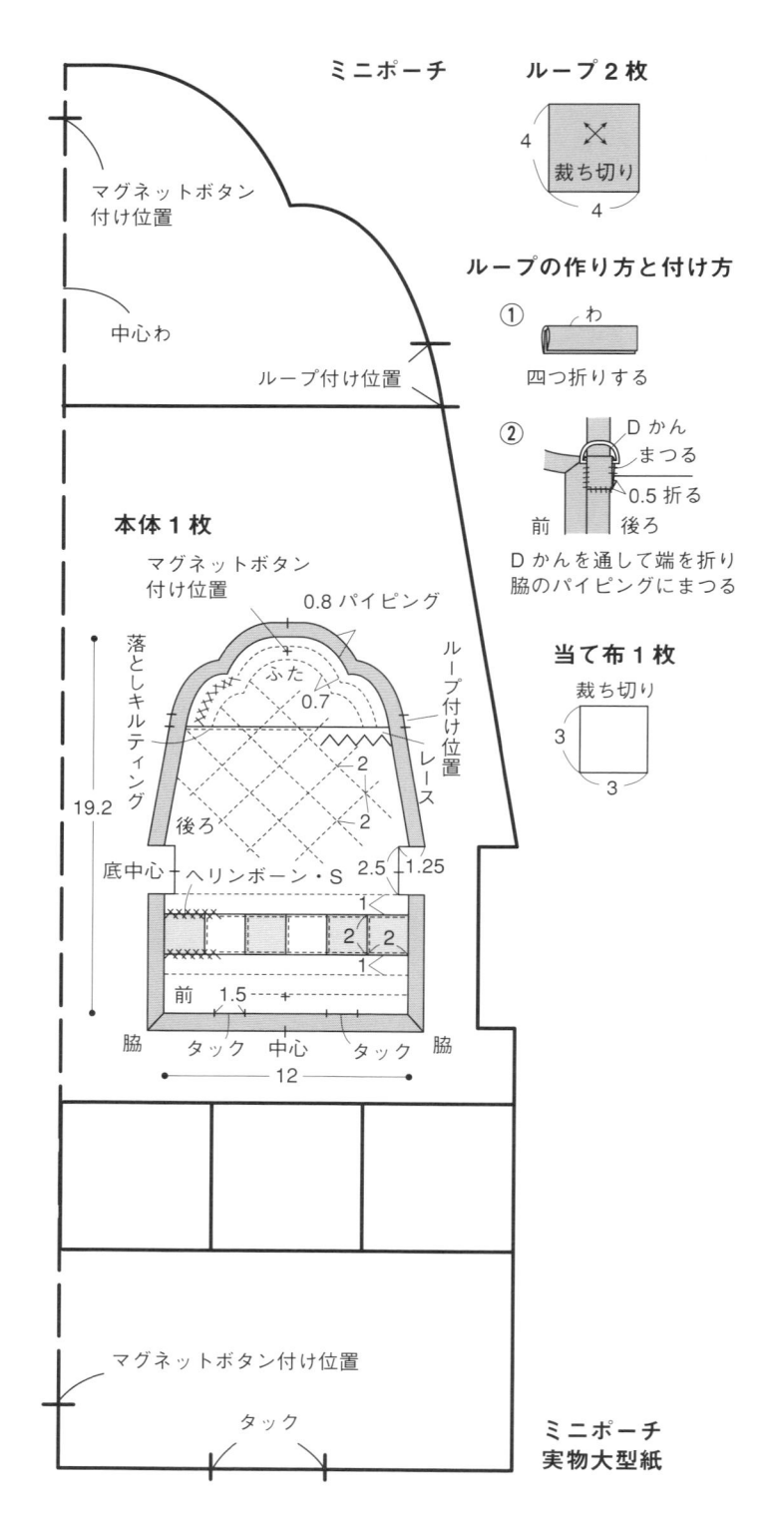

ビッグポーチ

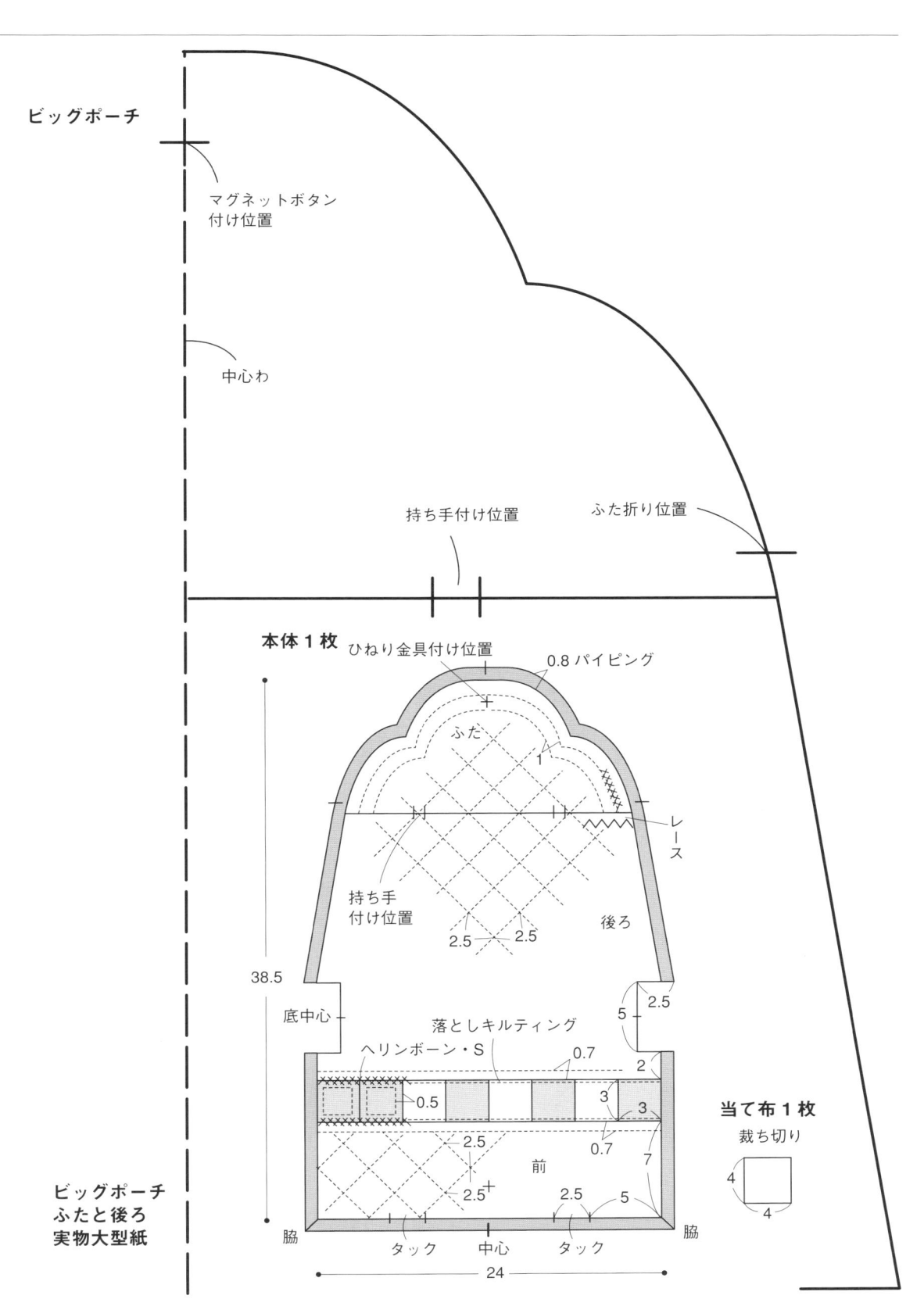

マグネットボタン
付け位置

中心わ

持ち手付け位置

ふた折り位置

本体 1 枚

ひねり金具付け位置

0.8 パイピング

ふた

1

持ち手
付け位置

後ろ

2.5   2.5

レース

38.5

5   2.5

底中心

落としキルティング

ヘリンボーン・S

0.7

2

5

0.5

3

3

2.5

前

0.7   7

2.5

2.5   5

当て布 1 枚

裁ち切り

4

4

ビッグポーチ
ふたと後ろ
実物大型紙

脇

タック   中心   タック

脇

24

※ 材料

アップリケ用布3種各15×10cm　A用布35×10cm　本体用布3種各15×15cm　底用布15×15cm　裏打ち布、接着キルト綿各45×15cm　幅1.3cm花モチーフレース6個　長さ14cmファスナー1本

※ 作り方のポイント

- 巻きかがりをするときは、表布同士を縫い、次に裏打ち布同士を縫う。
- 刺繍の刺し方は67ページ参照。

※ 作り方

1. ピーシング、アップリケ、刺繍をして、本体のトップをまとめる。底のトップは一枚布。
2. トップと裏打ち布を中表に合わせ、接着キルト綿を重ねて返し口を残して周囲を縫う。
3. 表に返して返し口をとじ、接着キルト綿を接着し、しつけをかけてキルティングする。
4. 花のモチーフレースを付ける。
5. 本体を巻きかがりで輪に縫う。
6. 本体と底を中表に合わせて巻きかがりで縫う。
7. 本体の口にファスナーを付ける。

底 1 枚

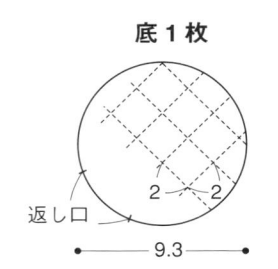

本体 1 枚

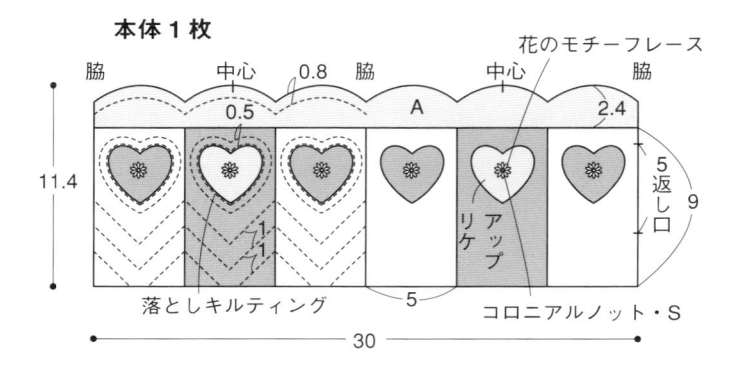

仕立て方

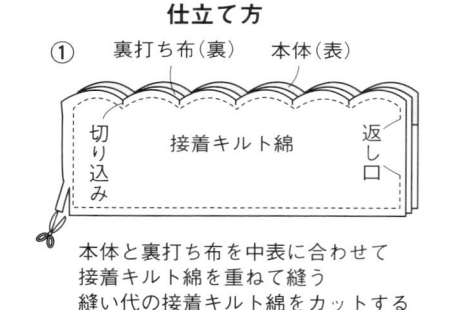

① 本体と裏打ち布を中表に合わせて接着キルト綿を重ねて縫う縫い代の接着キルト綿をカットする

② 表に返して返し口をとじ接着キルト綿を接着ししつけをかけてキルティングする

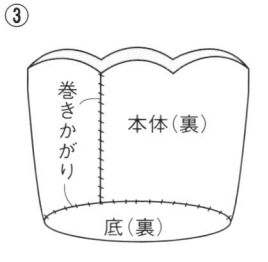

③ 本体を中表に合わせて巻きかがりで輪に縫い、底を中表に合わせて巻きかがりで縫い合わせる

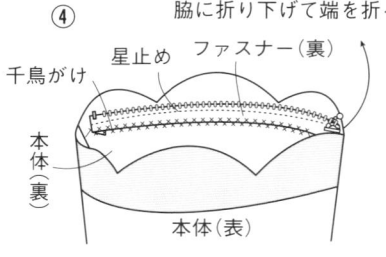

④ 本体の内側にファスナーを縫い付ける

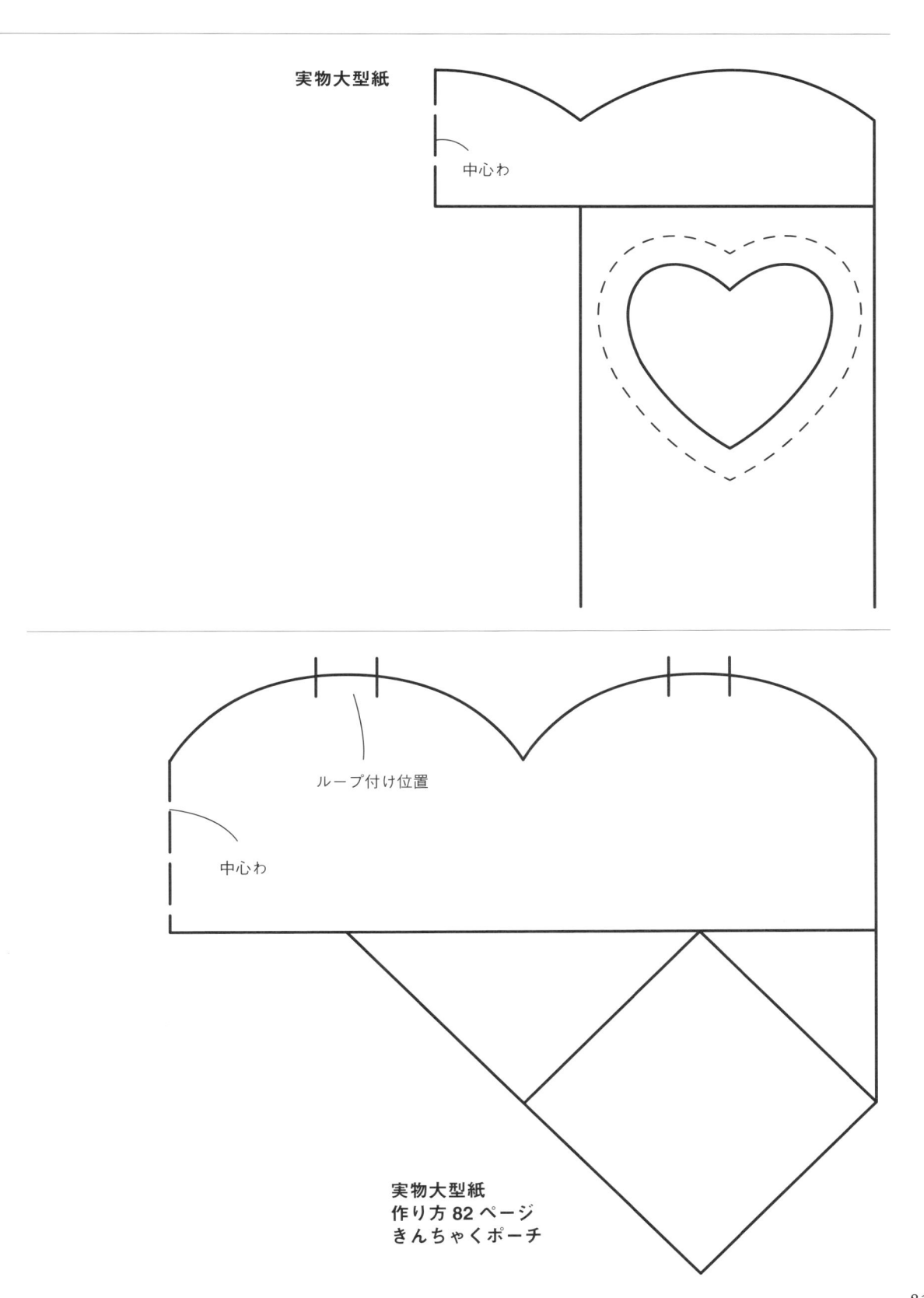

実物大型紙

中心わ

ループ付け位置

中心わ

実物大型紙
作り方82ページ
きんちゃくポーチ

※ 材料

ピーシング、つつみボタン用布各種　A用布55×10cm　B用布（底、ループ分含む）55×25cm　C用布70×10cm　パイピング用幅3.7cmバイヤステープ60cm　直径1.5cm手芸用プラスチックリング8個　直径0.2センチひも140cm　直径1.8cmつつみボタン8個

※ 作り方のポイント

- つつみボタンの作り方は76ページ参照。

※ 作り方

1. ピーシングをして本体のトップをまとめる。底のトップは一枚布。
2. 裏打ち布、接着キルト綿にトップを重ねて接着し、しつけをかけてキルティングする。
3. 本体を中表に合わせて輪に縫い、底を中表に合わせて縫う。
4. 中袋を本体同様に縫う。
5. ループを作ってリングを通す。
6. 本体と中袋を外表に合わせ、ループを仮留めする。
7. 口をパイピングで始末し、ループを折り上げてパイピングにまつる。
8. つつみボタンを作る。
9. ひもをリングに通して先端を結び、ひもの先端をつつみボタンではさんでまつる。

※ 実物大型紙 81ページ

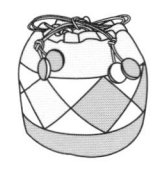

つつみボタン8枚

3.5

裁ち切り

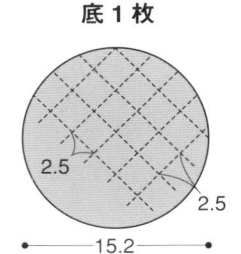

底1枚

2.5　2.5　15.2

本体1枚

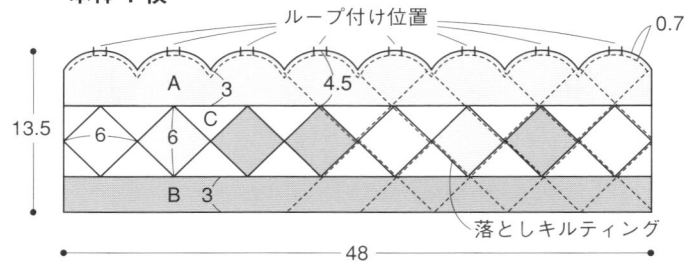

ループ付け位置　0.7

A　3　4.5

13.5　　6　6　C　B　3

落としキルティング

48

ループ8枚

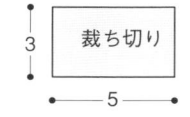

3　裁ち切り　5

ループの作り方

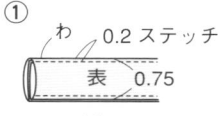

①　わ　0.2 ステッチ　表　0.75

四つ折りして両端を縫う

②　リング

二つ折りしてリングを通す

仕立て方

①　本体（表）　接着キルト綿

裏打ち布（表）　わ

本体を中表に合わせて輪に縫う

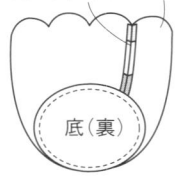

②　縫い代を割る　本体（裏）

底（裏）

本体と底を中表に合わせて縫う　中袋も同様に縫う

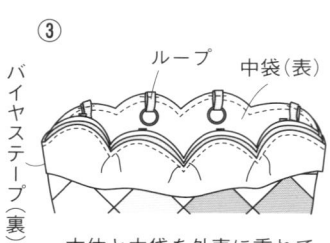

③　ループ　中袋（表）

バイヤステープ（裏）

本体と中袋を外表に重ねてループを仮留めし口をパイピングで始末する

④　まつる　0.8 パイピング

バイヤステープを内側に返してまつり、ループを起こしてバイヤステープにまつる

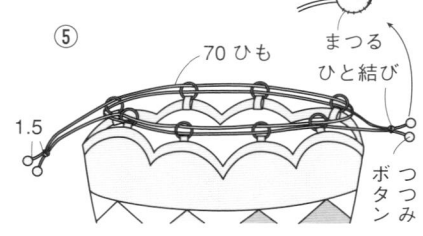

⑤　70 ひも　まつる　ひと結び

1.5　つつみボタン

ひもを左右からリングに通しひもの先端をつつみボタンではさんでまつる

出来上がり寸法 うさぎ 8.5 × 13cm

いぬ 9.5 × 10cm　ねこ 9 × 8.5cm

※ 材料（1点分）

アップリケ、しっぽ用布各種　本体用布 30×15cm　マチ用布20×10cm　耳用布 （耳裏布分含む）20×10cm　裏打ち布、接着キルト綿各40×15cm　うさぎ目用 直径0.6cm足付きボタン2個　いぬ・ねこ 目用直径0.9cmボタン各2個　ねこ鼻用 幅1cm三角ボタン1個　10cmファスナー1 本　ステッチヤーン適宜

※ 作り方のポイント

・作り方は 29 ページ、刺繍の刺し方は 67 ページ参照。

※ 作り方

1. アップリケをして本体前と耳のトップを まとめる。本体後ろのトップは一枚布。
2. トップと裏打ち布を中表に合わせて接 着キルト綿を重ねて縫い、表に返す。
3. 接着キルト綿を接着し、キルティング する。
4. 本体前に耳を差し込んでまつる。
5. 刺繍をしてボタンを付ける。
6. 本体にファスナーを付ける。
7. 本体とマチを中表に合わせて巻きかが りする。
8. しっぽを作ってファスナーの引き手に 付ける。

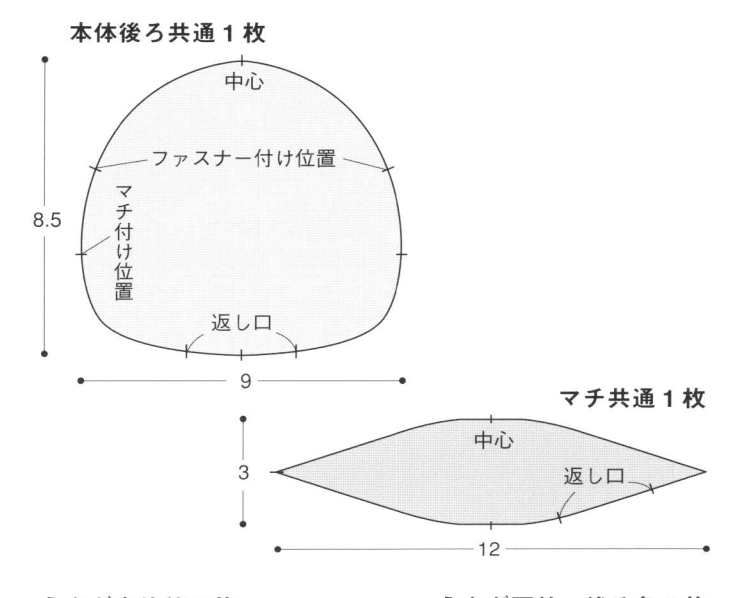

本体後ろ共通 1 枚

中心／ファスナー付け位置／マチ付け位置／返し口／8.5／9

マチ共通 1 枚

中心／返し口／3／12

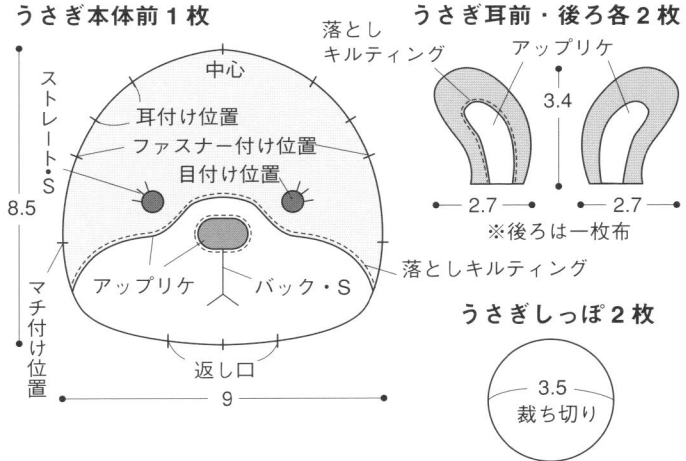

うさぎ本体前 1 枚

中心／耳付け位置／ファスナー付け位置／目付け位置／ストレート・S／8.5／マチ付け位置／アップリケ／バック・S／返し口／9

うさぎ耳前・後ろ各 2 枚

落としキルティング／アップリケ／3.4／2.7／2.7／落としキルティング／※後ろは一枚布

うさぎしっぽ 2 枚

3.5／裁ち切り

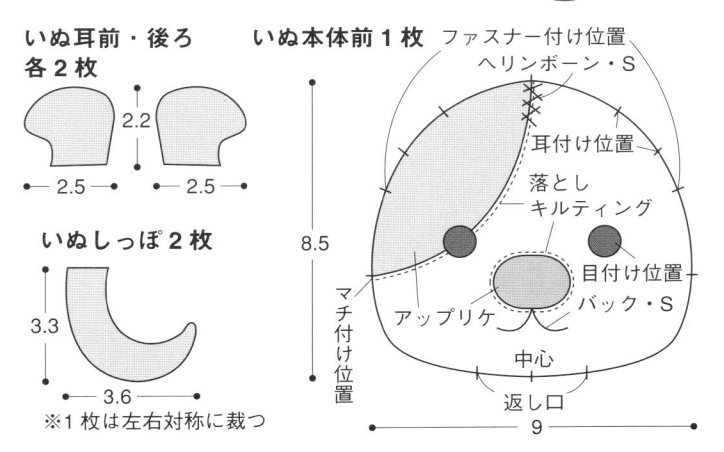

いぬ耳前・後ろ 各 2 枚

2.2／2.5／2.5

いぬしっぽ 2 枚

3.3／3.6／※1枚は左右対称に裁つ

いぬ本体前 1 枚

ファスナー付け位置／ヘリンボーン・S／耳付け位置／落としキルティング／目付け位置／8.5／マチ付け位置／アップリケ／バック・S／中心／返し口／9

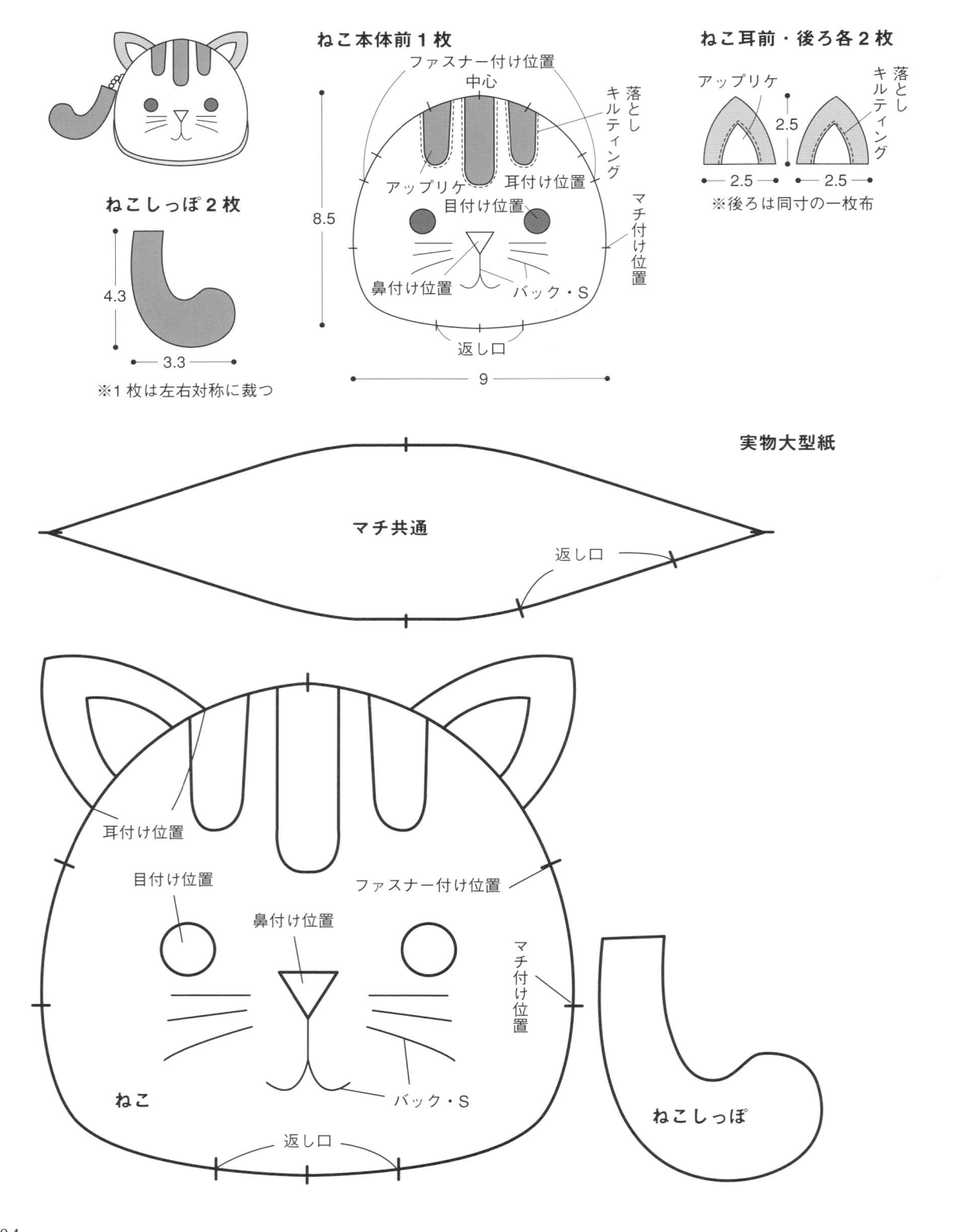

ねこ本体前1枚

ファスナー付け位置
中心
落としキルティング
アップリケ
耳付け位置
目付け位置
マチ付け位置
鼻付け位置
バック・S
返し口
8.5
9

ねこ耳前・後ろ各2枚

アップリケ
落としキルティング
2.5
2.5　2.5

※後ろは同寸の一枚布

ねこしっぽ2枚

4.3
3.3

※1枚は左右対称に裁つ

実物大型紙

マチ共通
返し口

耳付け位置
目付け位置
鼻付け位置
ファスナー付け位置
マチ付け位置
ねこ
バック・S
返し口
ねこしっぽ

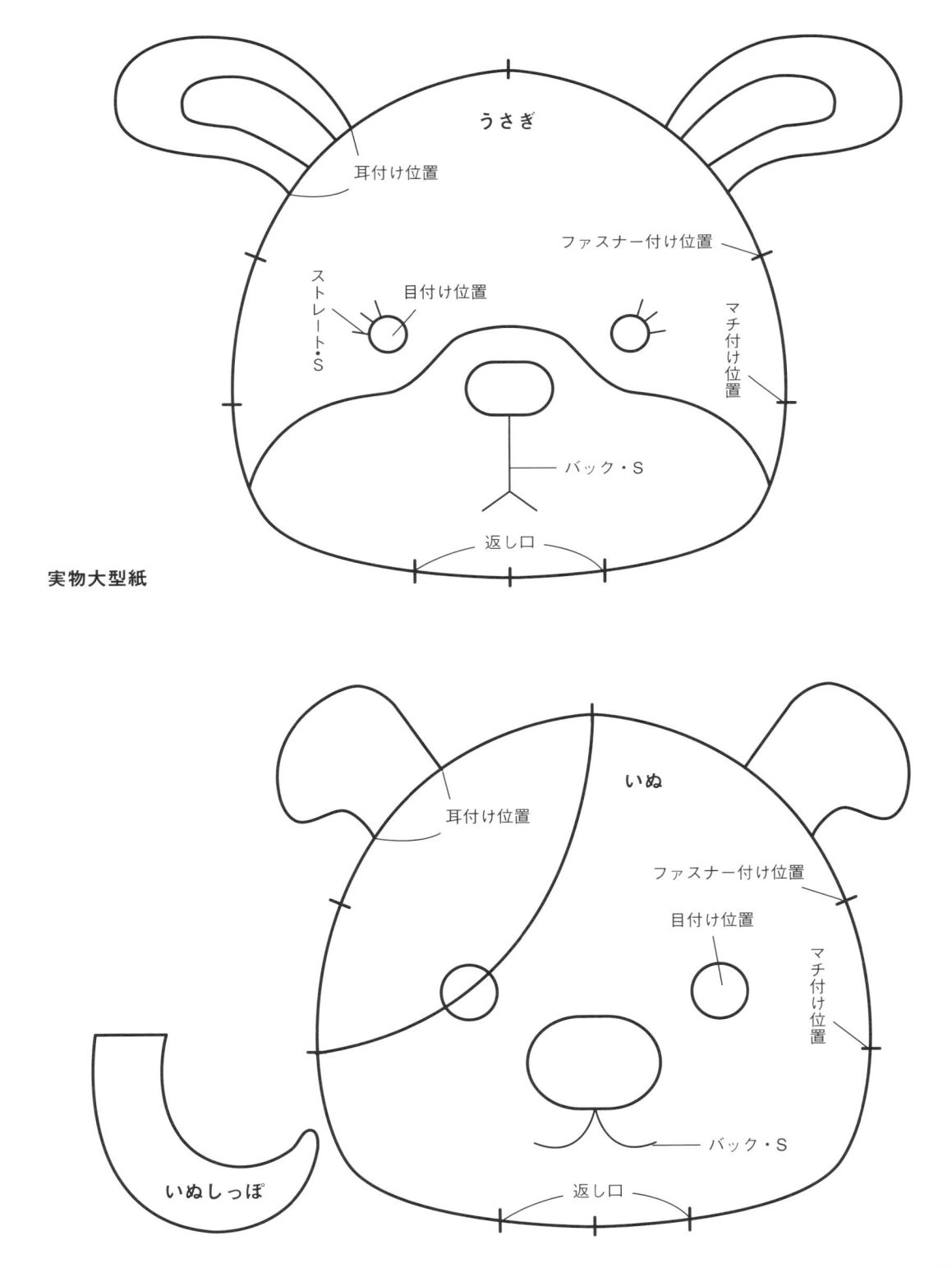

実物大型紙

うさぎ

耳付け位置

ファスナー付け位置

ストレート・S

目付け位置

マチ付け位置

バック・S

返し口

いぬ

耳付け位置

ファスナー付け位置

目付け位置

マチ付け位置

いぬしっぽ

バック・S

返し口

※ 材料

ピーシング用布各種　裏打ち布、キルト
綿各80×300cm　パイピング用幅5cm
バイヤステープ570cm

※ 作り方

1. ピーシングをしてトップをまとめる。
2. 裏打ち布、キルト綿にトップを重ね、
　 しつけをかけてキルティングする。
3. 周囲をパイピングで始末する。

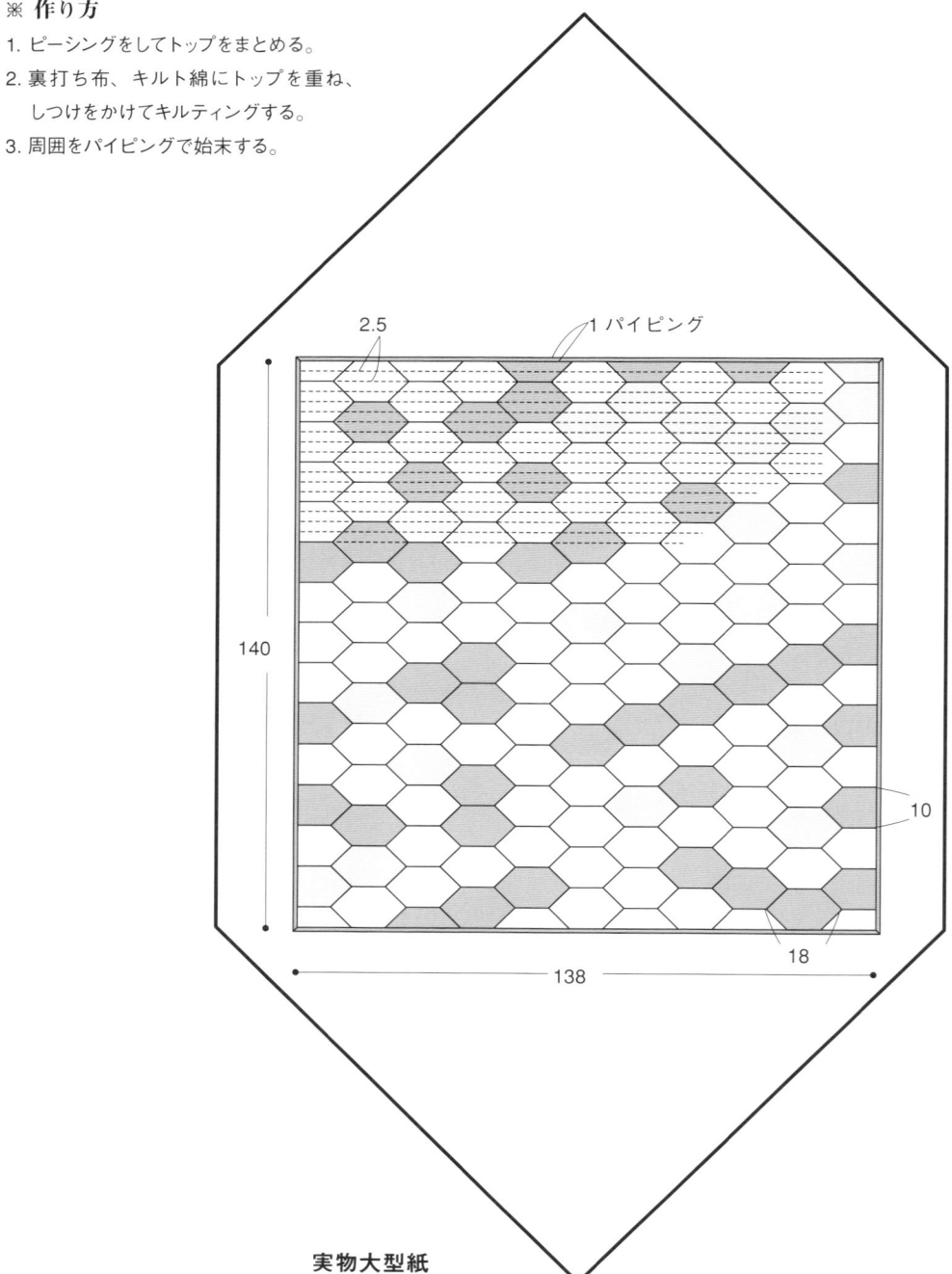

実物大型紙

P.38,39　ミニマットとドアマット

※ 材料

ミニマット　ピーシング用布各種　B用布
65×20cm　接着キルト綿、裏打ち布各
45×35cm
ドアマット　ピーシング用布各種　A用
布110×25cm　接着キルト綿、裏打ち布
各85×60cm

※ 作り方のポイント

・縫い代のへこみに切り込みを入れる。

※ 作り方

1. ピーシングをしてトップをまとめる。
2. トップと裏打ち布を中表に合わせて接
   着キルト綿を重ね、返し口を残して周
   囲を縫う。
3. 表に返して返し口をとじ、しつけをかけ
   てキルティングする。

ドアマット

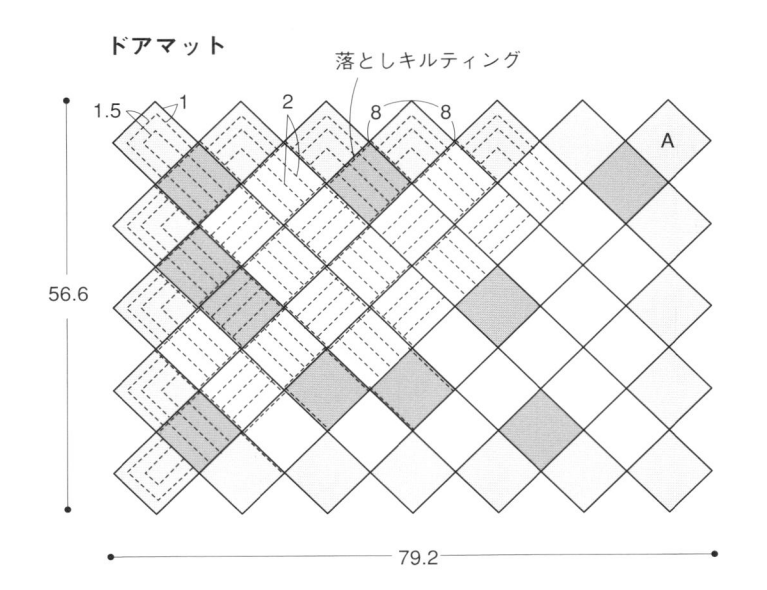

ミニマット

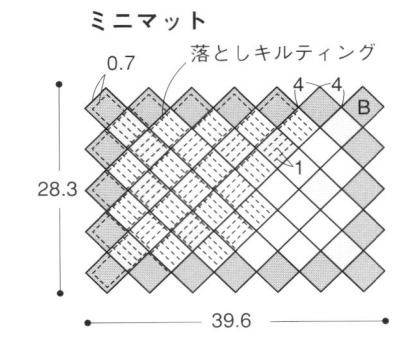

仕立て方

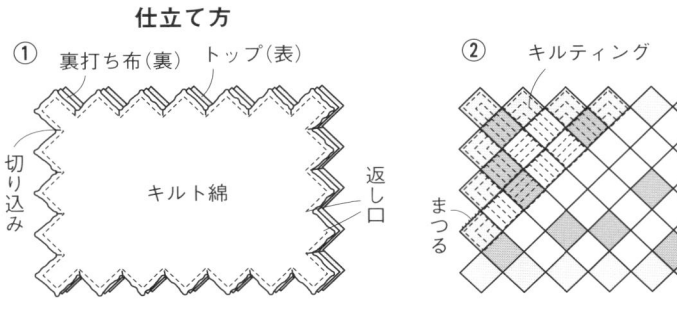

① トップと裏打ち布を中表に合わせ
接着キルト綿を重ねて
返し口を残して周囲を縫う
へこみに切り込みを入れる

② 表に返して返し口をとじ
接着キルト綿を接着し
しつけをかけてキルティングする

※ 材料

アップリケ用布各種　台布、キルト綿、裏打ち布各60×60cm　幅0.3cmじゃばらテープ230cm　ステッチヤーン適宜

※ 作り方のポイント

- へこんだカーブの縫い代に切り込みを入れる。
- 刺繍の刺し方は 67 ページ参照。

※ 作り方

1. 台布にアップリケをしてトップをまとめる。
2. トップと裏打ち布を中表に合わせてキルト綿を重ね、返し口を残して周囲を縫う。
3. 表に返して返し口をとじ、しつけをかけてキルティングする。
4. 刺繍をし、じゃばらテープを縫い付ける。

仕立て方

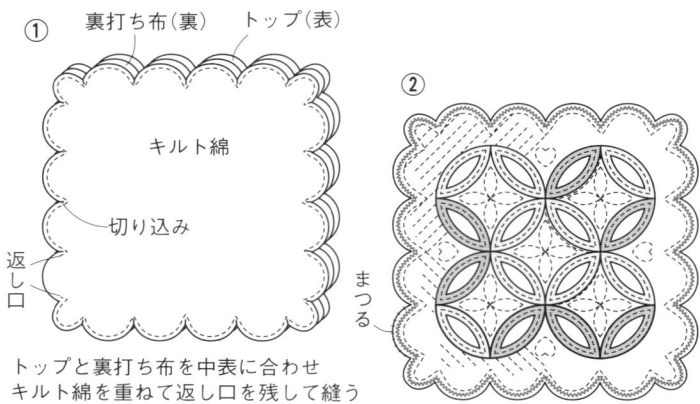

① 裏打ち布(裏)　トップ(表)　キルト綿　切り込み　返し口

トップと裏打ち布を中表に合わせ
キルト綿を重ねて返し口を残して縫う

② まつる

表に返して返し口をまつってとじ
キルティング、刺繍をして
じゃばらテープを縫い付ける

じゃばらテープ　0.7　0.8　1.5　0.6　ヘリンボーン・S　ヘリンボーン・S　返し口　台布　50　50

リバースアップリケ　落としキルティング　アップリケ

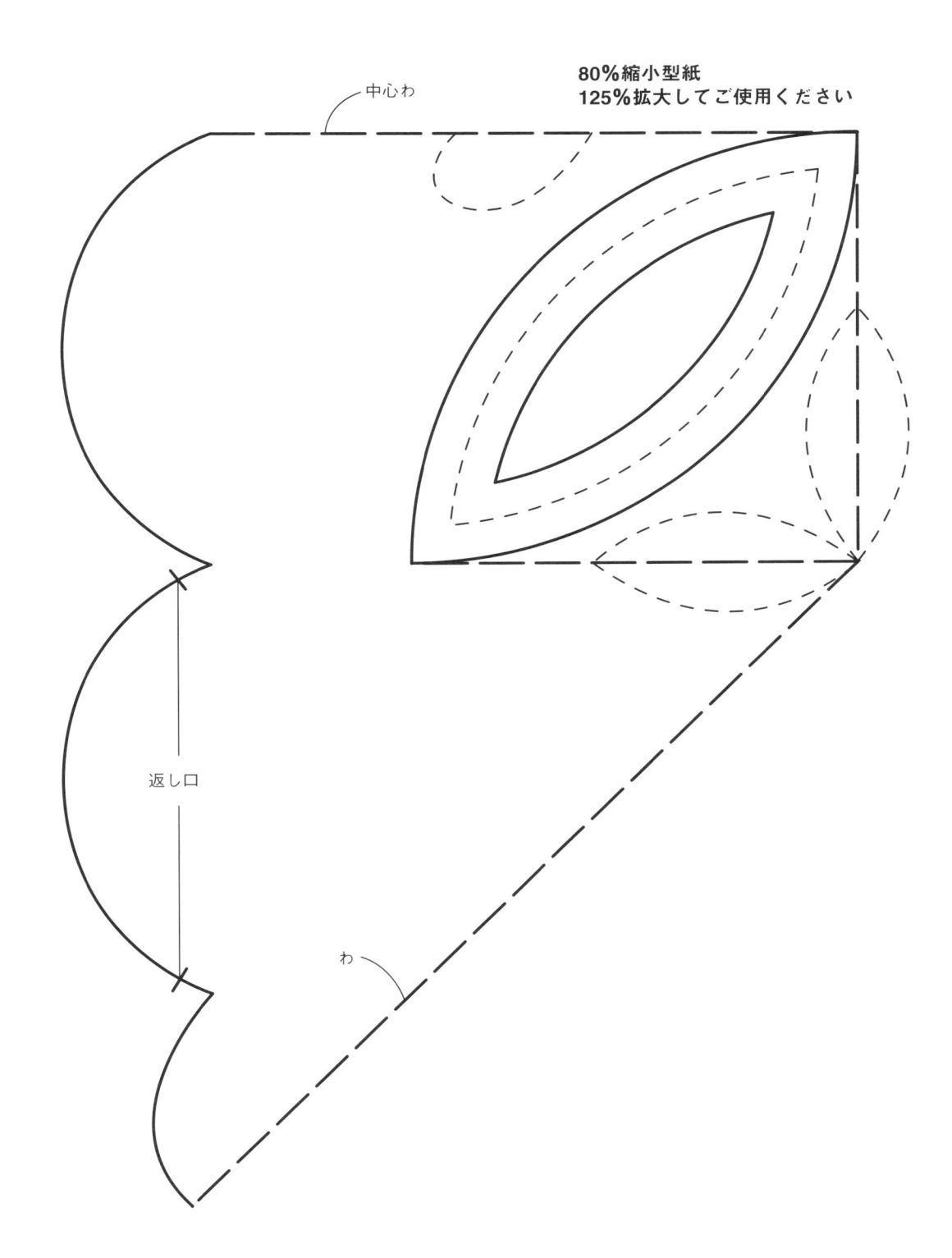

中心わ

80％縮小型紙
125％拡大してご使用ください

返し口

わ

※ 材料
ピーシング用布各種 台布、キルト綿、裏打ち布各100×100cm パイピング用幅5cmバイヤステープ340cm ステッチヤーン適宜

※ 作り方のポイント
・刺繍の刺し方は67ページ参照。

※ 作り方
1. ピーシングをしてアップリケ部分をまとめる。
2. 台布に1をアップリケし、重なる部分の台布を切り抜く。
3. 裏打ち布、キルト綿にトップを重ね、しつけをかけてキルティングし、刺繍をする。
4. 周囲をパイピングで始末する。

実物大型紙

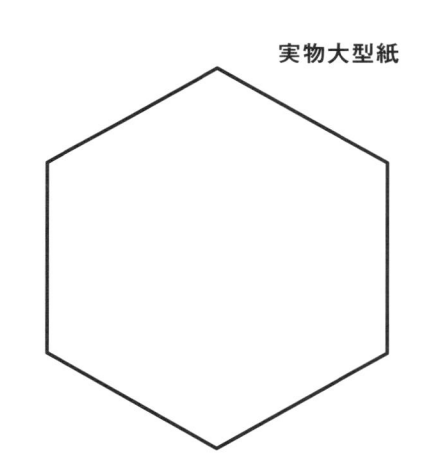

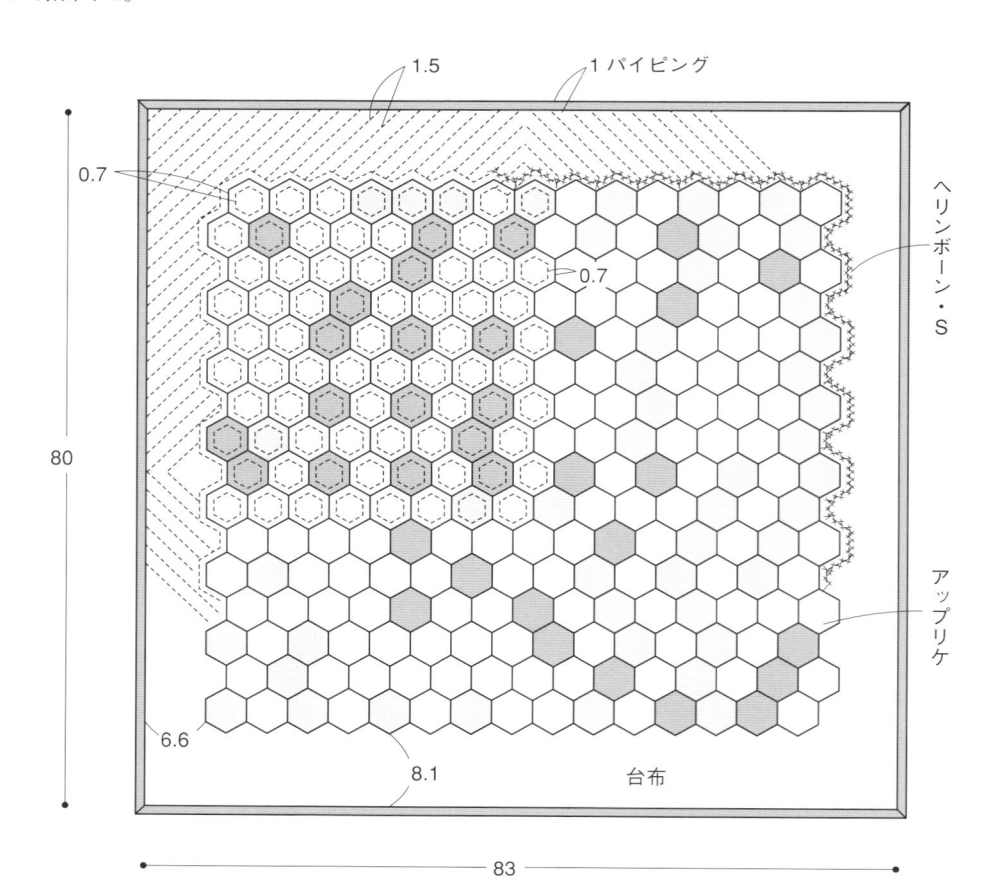

※ 材料

ピーシング用布各種　A用布35×10cm
B用布15×25cm　ボーダー用布35×
30cm　パイピング用幅3.7cmバイヤス
テープ130cm　裏打ち布、キルト綿各35
×35cm　幅2cm花モチーフレース4個
ステッチヤーン適宜

※ 作り方のポイント

• ボーダーの布は柄がつながるようにカッ
　トして縫い合わせる。

※ 作り方

1. ピーシングをしてトップをまとめる。
2. 裏打ち布、キルト綿にトップを重ね、
　しつけをかけてキルティングする。
3. 刺繍をし、モチーフレースを縫い付け
　る。
4. 周囲をパイピングで始末する。

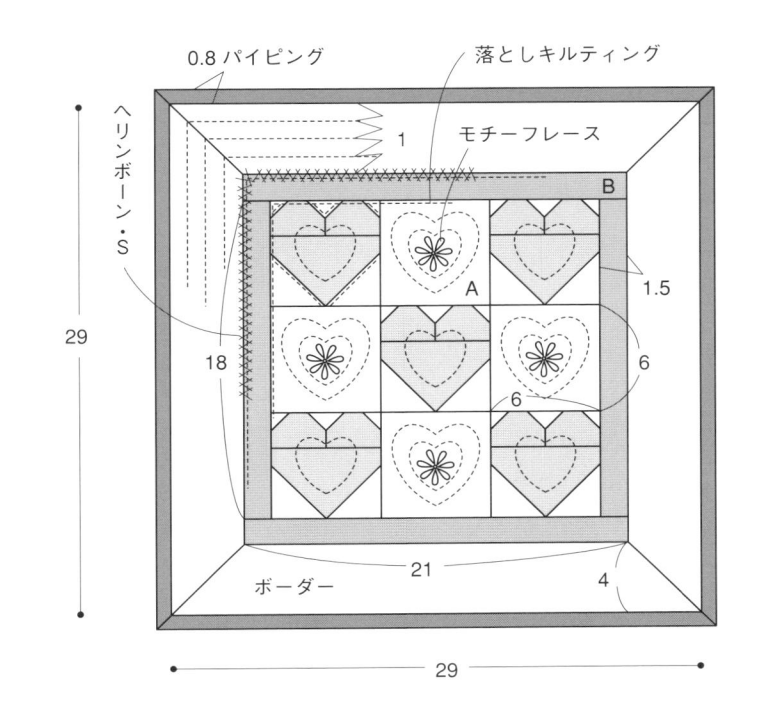

ヘリンボーンステッチの刺し方

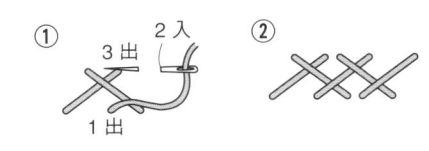

実物大型紙

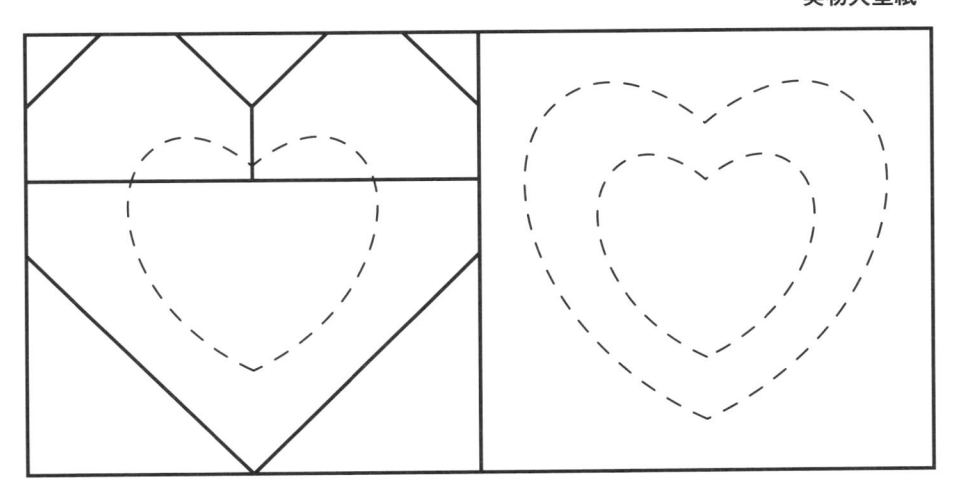

※ 材料

ピーシング用布各種　A用布40×10cm
B用布55×10cm　ボーダー用布45×
35cm　パイピング用幅3.7cmバイヤス
テープ170cm　裏打ち布、キルト綿各45
×45cm　幅0.3cmじゃばらテープ25cm
ステッチヤーン適宜

※ 作り方のポイント

• ボーダーの布は柄がつながるようにカッ
　トして縫い合わせる。

※ 作り方

1. じゃばらテープをピースに縫い止め、
　ピーシングをしてトップをまとめる。
2. 裏打ち布、キルト綿にトップを重ね、
　しつけをかけてキルティングする。
3. 刺繍をする。
4. 周囲をパイピングで始末する。

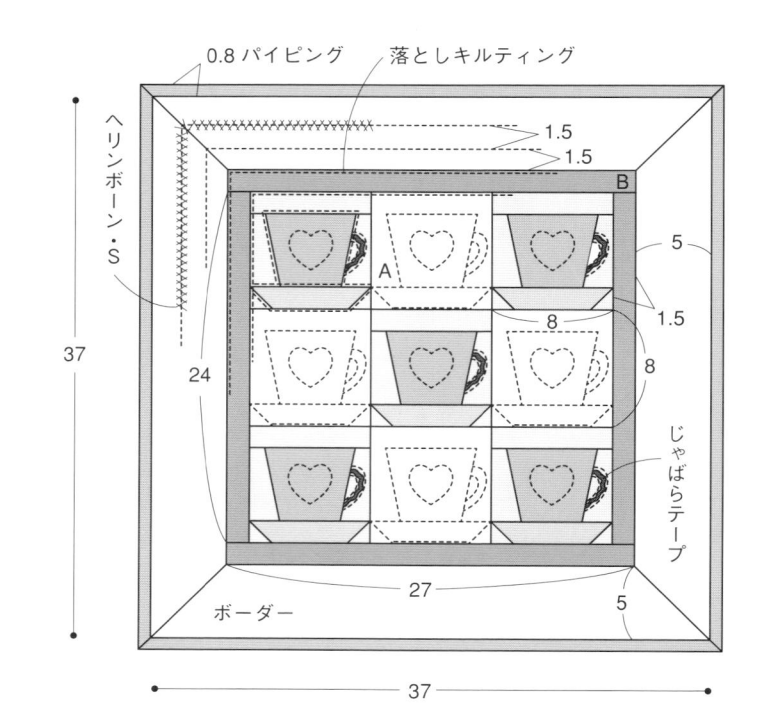

ヘリンボーンステッチの刺し方

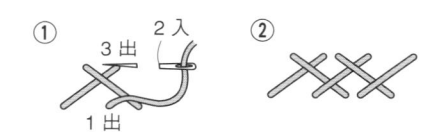

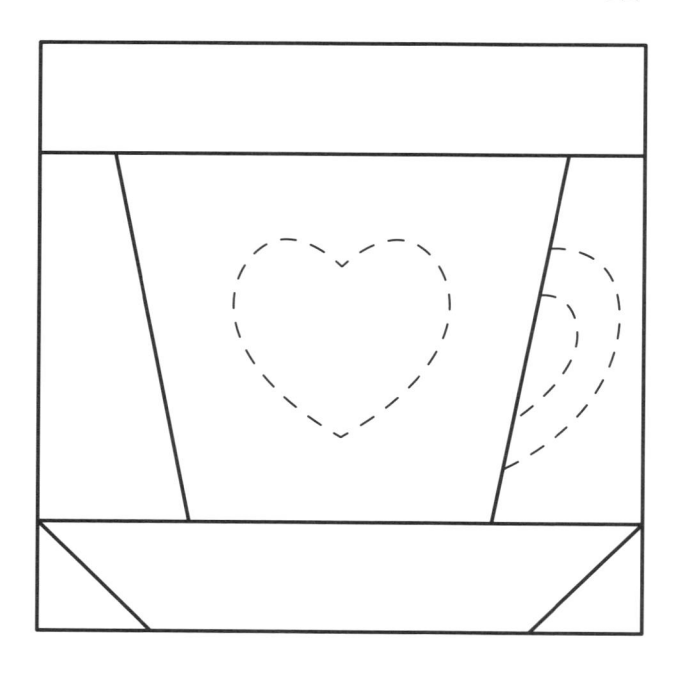

実物大型紙

※ 材料

ドレスデンプレート用布各種　ドレスデンプレート用裏打ち布80×15cm　本体用布（本体裏打ち布分含む）110×90cm　接着キルト綿110×55cm　クロシェモチーフ9枚　長さ25cmファスナー1本　ハート形ヌードクッション1個　ステッチヤーン適宜

※ 作り方のポイント

- ドレスデンプレートの作り方は48ページ、クロシェの作り方は49ページ、刺繍の刺し方は67ページ参照。
- ヌードクッションは本体に合わせて作る。

※ 作り方

1. ドレスデンプレートのモチーフを作り、キルティングと刺繍をする。
2. クロシェを作る。
3. 本体のトップと裏打ち布を中表に合わせて接着キルト綿を重ね、返し口を残して周囲を縫う。
4. 表に返して返し口をとじ、キルティングする。
5. 本体前を巻きかがりで縫い合わせ、刺繍をする。
6. 本体前にドレスデンプレートとクロシェを縫い付ける。
7. 本体前と後ろにファスナーを付ける。
8. 本体前と後ろを重ねて縫い、刺繍をする。

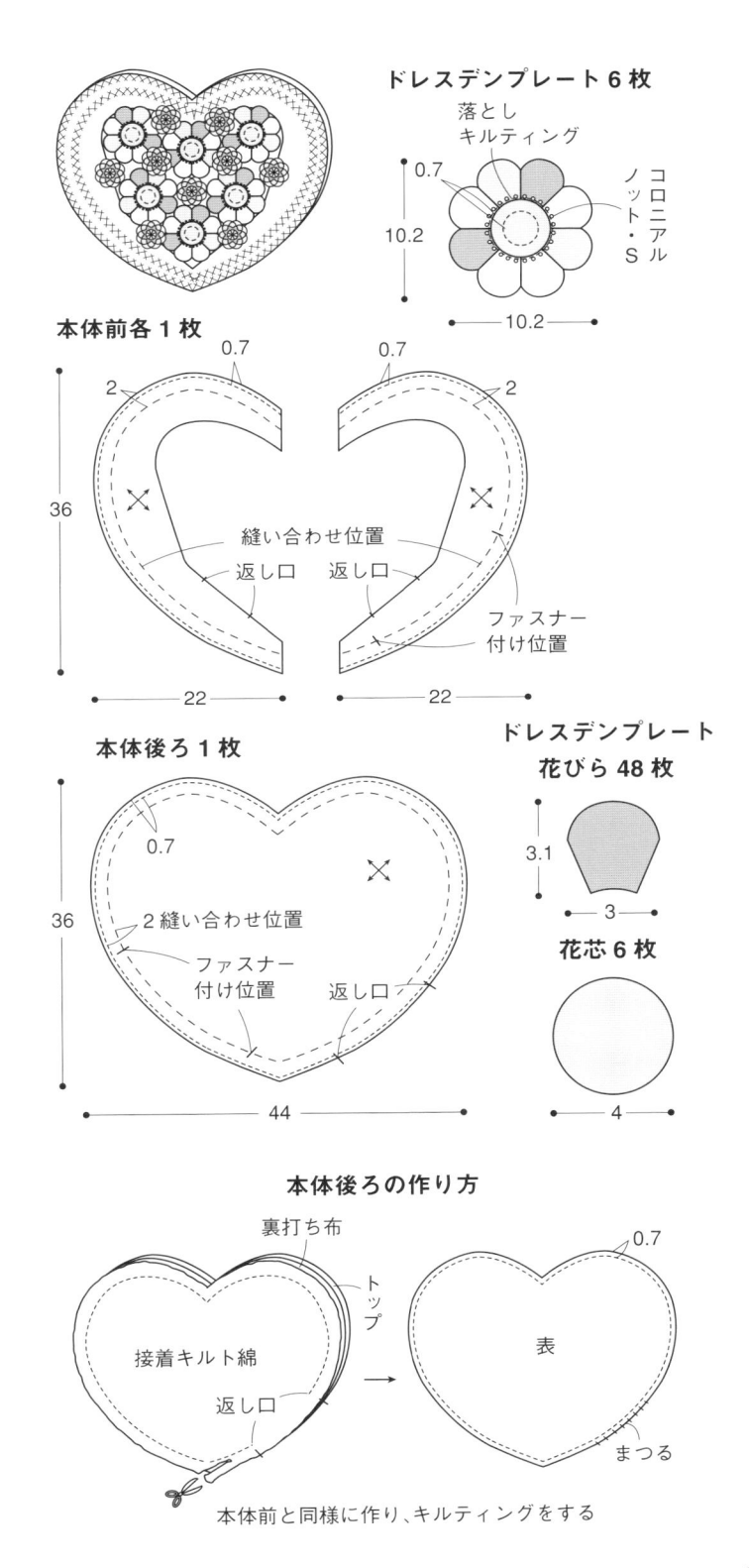

93

本体前の作り方

①

裏打ち布（裏）
接着キルト綿
トップ（表）
返し口

トップと裏打ち布を中表に
合わせ、接着キルト綿に重ねて
返し口を残して縫う
縫い代の接着キルト綿を
カットする

②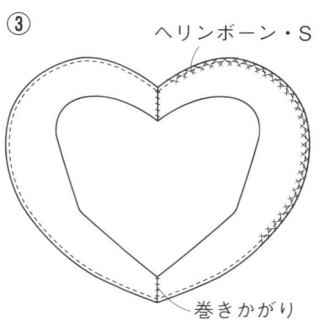

0.7
表
まつる

表に返して返し口を
まつり、接着キルト綿を
接着してキルティングする
もう片方も同様に作る

③

ヘリンボーン・S
巻きかがり

左右を巻きかがりで縫い合わせ
キルティングの上に刺繍をする

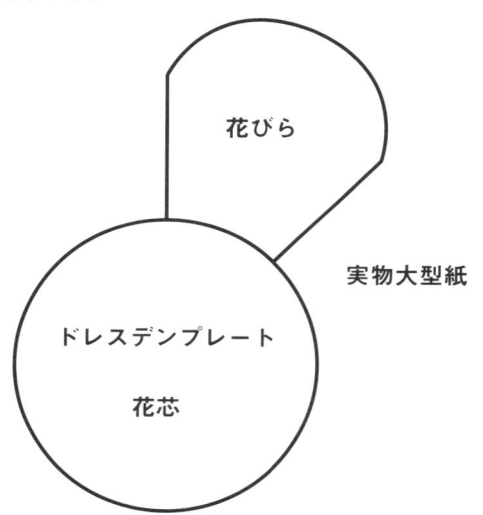

花びら

実物大型紙

ドレスデンプレート

花芯

④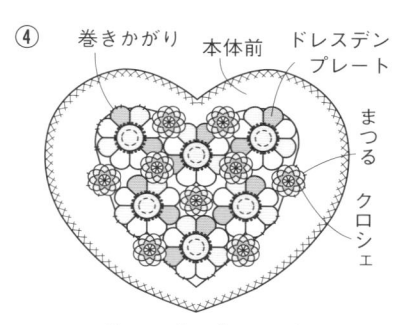

巻きかがり　本体前　ドレスデンプレート
まつる　クロシェ

ドレスデンプレートを
巻きかがりで縫い止め
クロシェをまつる

仕立て方

①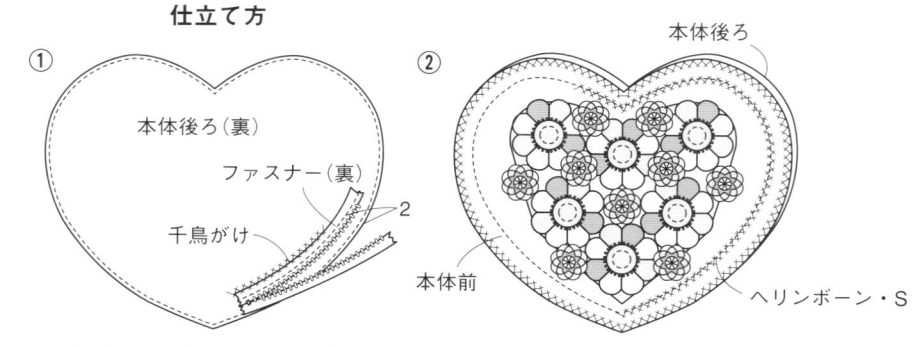

本体後ろ（裏）
ファスナー（裏）
千鳥がけ
2

本体後ろの縫い合わせ位置の
ファスナー付け位置に
ファスナーを付け
同様に本体前にももう片側の
ファスナーを付ける

②

本体後ろ
本体前
ヘリンボーン・S

本体前と後ろを外表に合わせて
縫い合わせ位置を縫い
縫い目に重ねて刺繍する

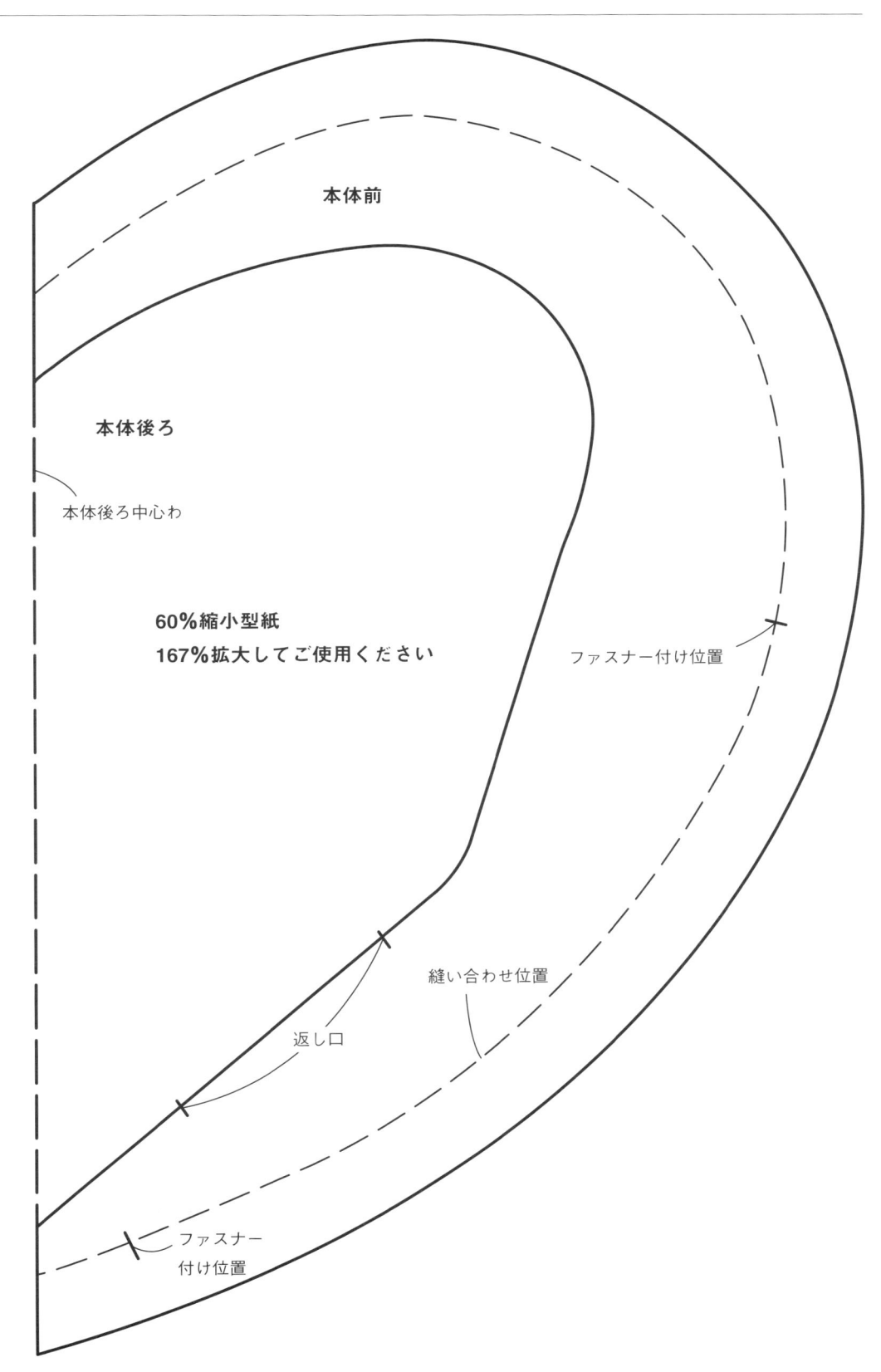

本体前

本体後ろ

本体後ろ中心わ

60%縮小型紙
167%拡大してご使用ください

ファスナー付け位置

返し口

縫い合わせ位置

ファスナー
付け位置

P.46 四角のクッション

※ 材料
ドレスデンプレート用布各種　ドレスデンプレート用裏布110×15cm　本体用布（本体裏打ち布分含む）80×70cm　接着キルト綿100×65cm　クロシェモチーフ16枚　長さ25cmファスナー1本　30×30cmヌードクッション1個　ステッチヤーン適宜

※ 作り方のポイント
- ドレスデンプレートの作り方は 48 ページ、クロシェの作り方は 49 ページ、刺繍の刺し方は 67 ページ参照。
- ドレスデンプレートの型紙は 94 ページ共通。

※ 作り方
1. ドレスデンプレートのモチーフを作り、キルティングと刺繍をする。
2. クロシェを作る。
3. 本体のトップと裏打ち布を中表に合わせて接着キルト綿を重ね、返し口を残して周囲を縫う。
4. 表に返して返し口をとじ、キルティングする。
5. 本体前を巻きかがりで縫い合わせ、刺繍をする。
6. 本体前にモチーフとクロシェを縫い付ける。
7. 本体前と後ろにファスナーを付ける。
8. 本体前と後ろを重ねて縫い、刺繍をする。

ドレスデンプレート 9 枚
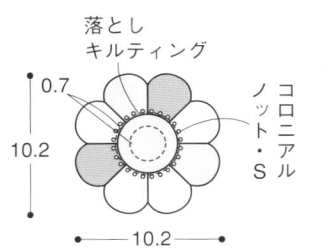
落としキルティング
コロニアル　ノット・S
0.7
10.2
10.2

花びら 72 枚
3.1
3

花芯 9 枚
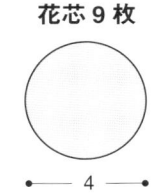
4

本体前 4 枚
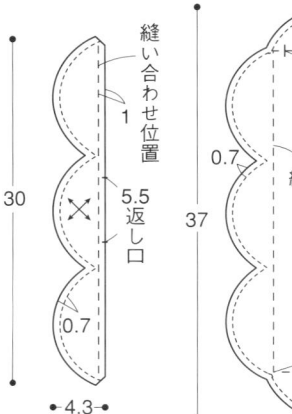
縫い合わせ位置
1
5.5
返し口
30
0.7
4.3

本体後ろ 1 枚
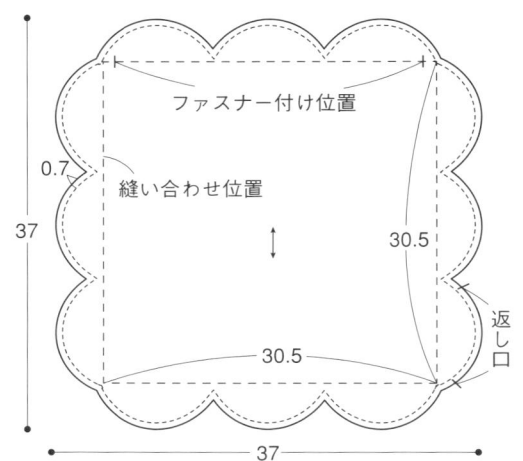
ファスナー付け位置
0.7
縫い合わせ位置
37
30.5
30.5
37
返し口

本体前の作り方
①
接着キルト綿　裏打ち布（裏）　トップ（表）
返し口　切り込み

トップと裏打ち布を中表に合わせて
接着キルト綿に重ね、返し口を残して周囲を縫う
縫い代のキルト綿をカットする

②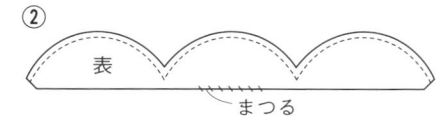
表
まつる

表に返して返し口をとじ、キルティングする

96

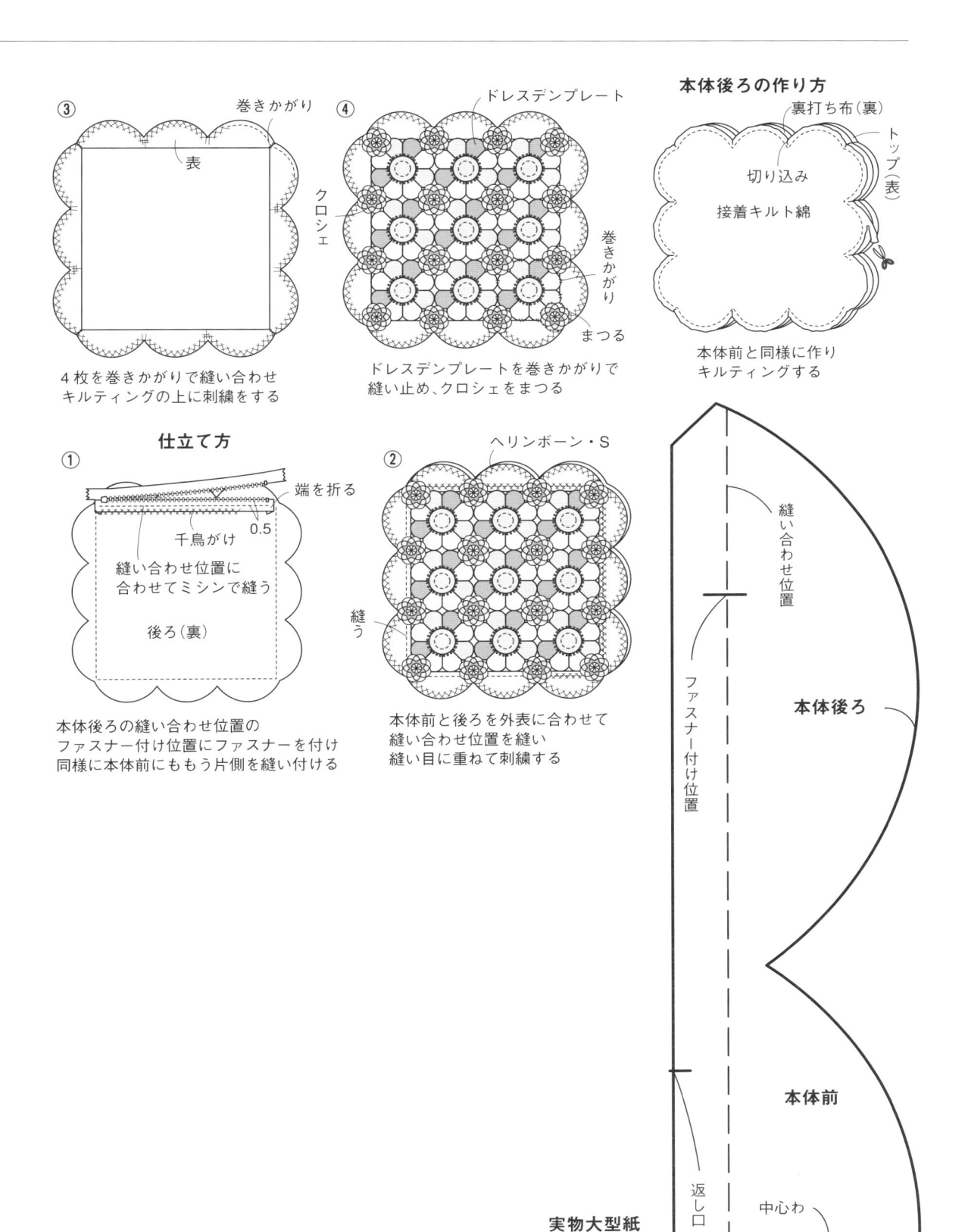

③ 巻きかがり

表

4枚を巻きかがりで縫い合わせ
キルティングの上に刺繍をする

④ ドレスデンプレート

クロシェ

巻き
か
が
り

まつる

ドレスデンプレートを巻きかがりで
縫い止め、クロシェをまつる

本体後ろの作り方

裏打ち布（裏）

トップ（表）

切り込み

接着キルト綿

本体前と同様に作り
キルティングする

仕立て方

① 端を折る

0.5

千鳥がけ

縫い合わせ位置に
合わせてミシンで縫う

後ろ（裏）

本体後ろの縫い合わせ位置の
ファスナー付け位置にファスナーを付け
同様に本体前にももう片側を縫い付ける

② ヘリンボーン・S

縫
う

本体前と後ろを外表に合わせて
縫い合わせ位置を縫い
縫い目に重ねて刺繍する

縫い合わせ位置

ファスナー付け位置

本体後ろ

本体前

返し口

中心わ

実物大型紙

※ 材料

モチーフ用布各種　本体A用布（本体B用布、底、持ち手通し、本体A裏打ち布分含む）60×40cm　接着キルト綿、裏打ち布各110×30cm　幅15.5cm木製持ち手1組　クロシェモチーフ18個　ステッチヤーン適宜

※ 作り方のポイント

• 巻きかがりをするときは、表布同士を縫い、次に裏打ち布同士を縫う。
• クロシェの作り方は 49 ページ、刺繍の刺し方は 67 ページ参照。

※ 作り方

1. モチーフ、本体 A、本体 B、底を作り、キルティングと刺繍をする。
2. クロシェを作る。
3. モチーフを巻きかがりで縫い合わせ、輪にする。
4. 本体 A と B をそれぞれ輪に縫い合わせる。
5. モチーフ部分に本体 A と B を巻きかがりで縫い合わせる。
6. 本体と底を巻きかがりで縫い合わせる。
7. 持ち手通し布を作り、持ち手を通す。
8. 本体に持ち手通し布をまつり付ける。
9. クロシェを本体に縫い付ける。

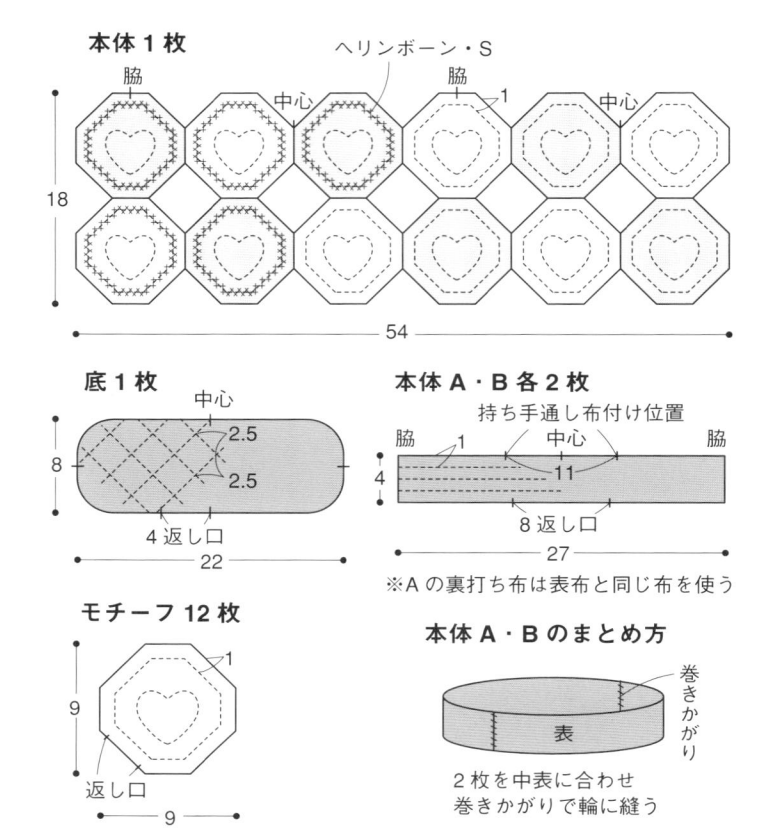

本体 1 枚

ヘリンボーン・S
脇　中心　脇　中心　1
18
54

底 1 枚
中心
2.5
2.5
8
4 返し口
22

本体 A・B 各 2 枚
持ち手通し布付け位置
脇　1　中心　脇
4　11
8 返し口
27

※Aの裏打ち布は表布と同じ布を使う

モチーフ 12 枚
1
9
返し口
9

本体 A・B のまとめ方
巻きかがり
表
2 枚を中表に合わせ
巻きかがりで輪に縫う

モチーフの作り方（本体 A、本体 B、底共通）

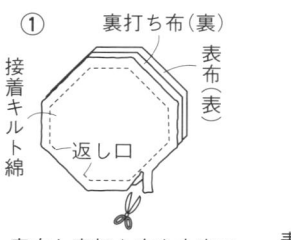

① 裏打ち布（裏）　表布（表）
接着キルト綿
返し口

表布と裏打ち布を中表に合わせて接着キルト綿に重ね、返し口を残して縫う　縫い代の接着キルト綿をカットする

② 表
まつる

表に返して返し口をとじ接着キルト綿を接着してキルティングする

③ 表

刺繍をする

持ち手通し布 2 枚
12
11

持ち手通し布の作り方

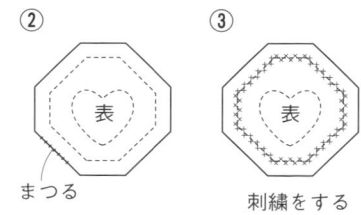

① わ

縫い代を折って二つ折りする

② 持ち手
0.3

持ち手をくるんで縫う

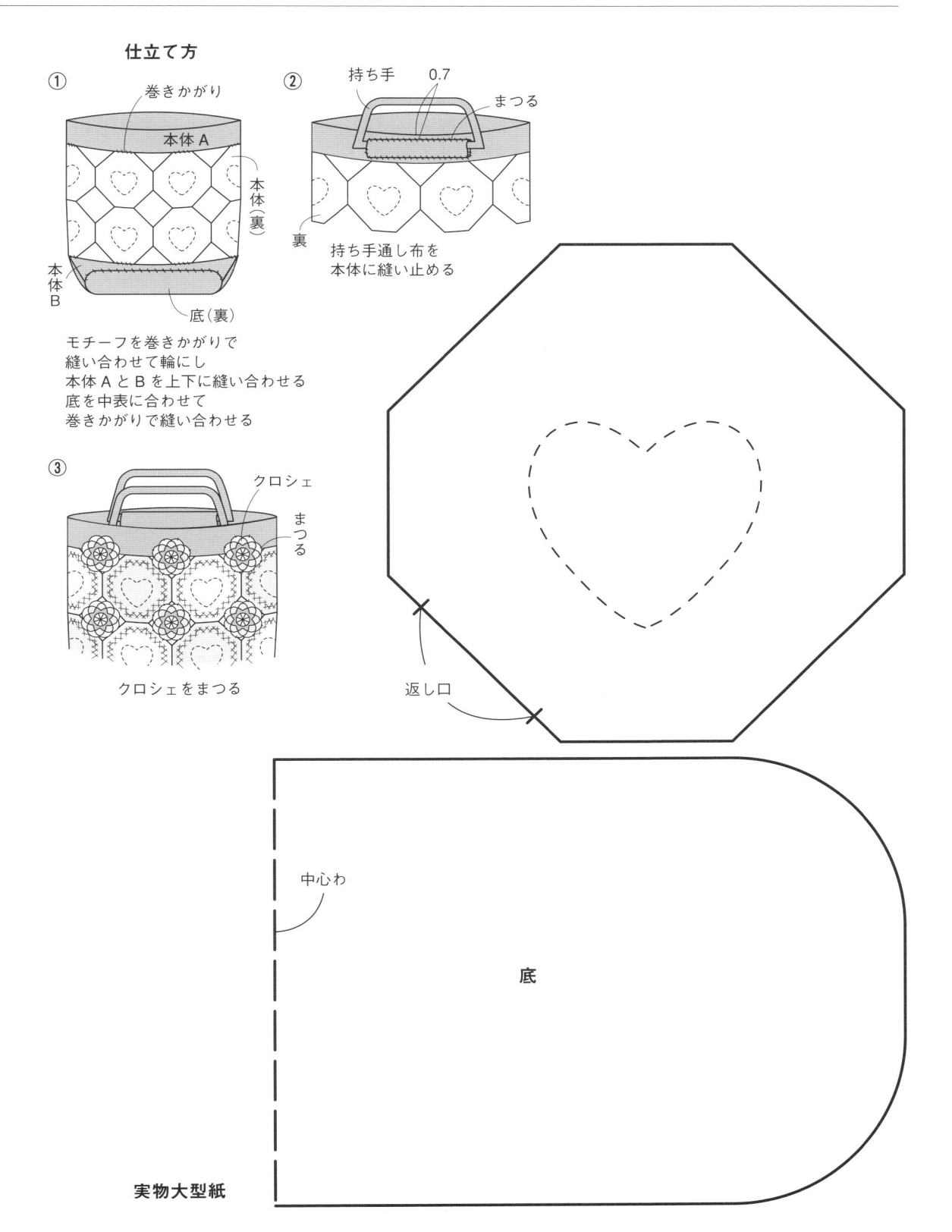

仕立て方

① 巻きかがり
本体A
本体（裏）
本体B
底（裏）

モチーフを巻きかがりで
縫い合わせて輪にし
本体AとBを上下に縫い合わせる
底を中表に合わせて
巻きかがりで縫い合わせる

② 持ち手　0.7　まつる
裏
持ち手通し布を
本体に縫い止める

③ クロシェ　まつる

クロシェをまつる

返し口

中心わ

底

実物大型紙

※ 材料

モチーフA用布、モチーフB用布各65×15cm　モチーフC用布60×10cm　底用布20×20cm　持ち手通し布20×20cm　裏打ち布、接着キルト綿各80×35cm　幅12cm木製持ち手1組　クロシェモチーフ12枚　ステッチヤーン適宜

※ 作り方のポイント

• 巻きかがりをするときは、表布同士を縫い、次に裏打ち布同士を縫う。
• クロシェの作り方は49ページ、刺繍の刺し方は67ページ参照。

※ 作り方

1. モチーフA、B、C、底を作り、キルティングと刺繍をする。
2. クロシェを作る。
3. モチーフA、B、Cを巻きかがりで縫い合わせ、輪にする。
4. 本体と底を巻きかがりで縫い合わせる。
5. 持ち手通し布を作り、持ち手を通す。
6. 本体に持ち手通し布をまつり付ける。
7. クロシェを本体に縫い付ける。

本体1枚

持ち手通し布付け位置　中心　ヘリンボーン・S　持ち手通し布付け位置　中心
脇　脇　脇
フレンチノット・S

A　B　C

24.5
48
1
1.5

底1枚

返し口
2.5　2.5
15.4

持ち手通し布2枚

14
7

モチーフA6枚

8.5
返し口
8
1

モチーフB6枚

10
1
返し口
1.5
8

モチーフC6枚

返し口
6
1
1.5
8

モチーフAの作り方（モチーフB、モチーフC、底共通）

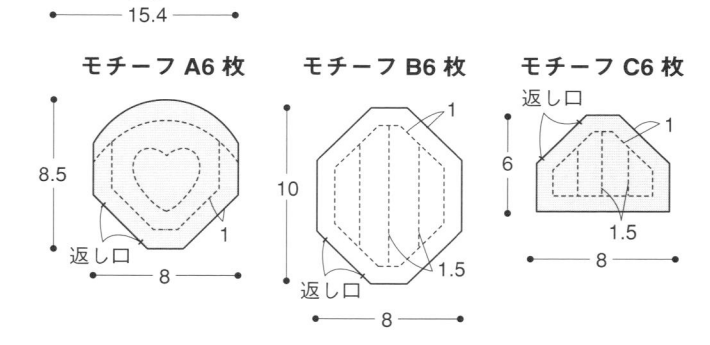

① 表布（表）　裏打ち布（裏）　接着キルト綿　返し口

表布と裏打ち布を中表に合わせて接着キルト綿を重ねて縫う
縫い代の接着キルト綿をカットする

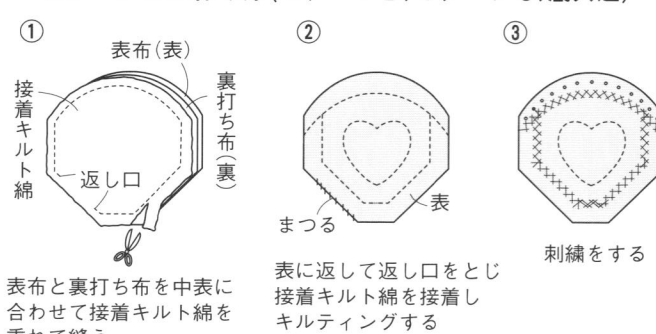

② まつる　表

表に返して返し口をとじ接着キルト綿を接着しキルティングする

③

刺繍をする

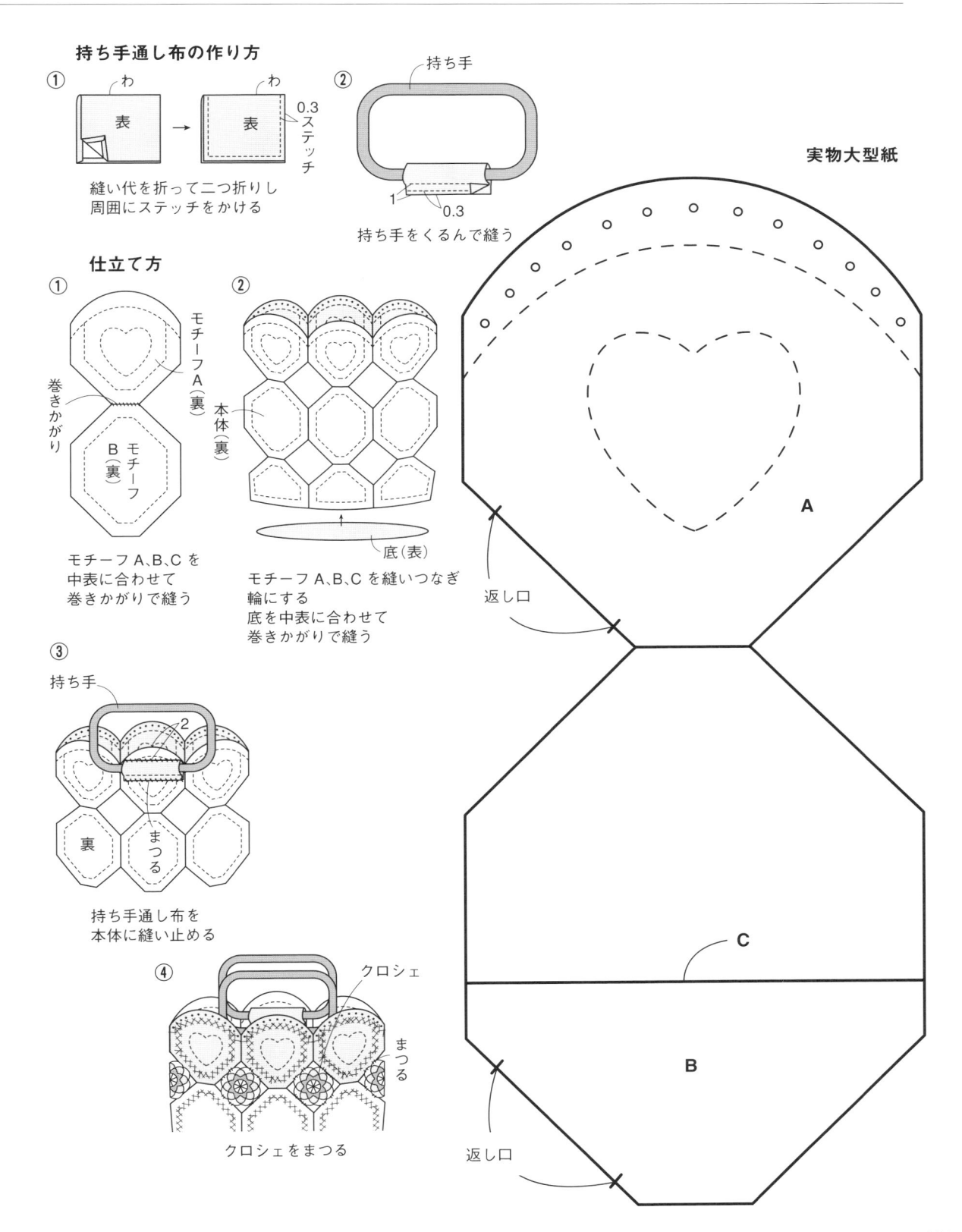

持ち手通し布の作り方

① わ　わ　0.3ステッチ

表　→　表

縫い代を折って二つ折りし
周囲にステッチをかける

② 持ち手

1　0.3

持ち手をくるんで縫う

仕立て方

① モチーフA（裏）

本体（裏）

巻きかがり

B モチーフ（裏）

モチーフ A、B、C を
中表に合わせて
巻きかがりで縫う

② 底（表）

モチーフ A、B、C を縫いつなぎ
輪にする
底を中表に合わせて
巻きかがりで縫う

③ 持ち手

2

裏　まつる

持ち手通し布を
本体に縫い止める

④ クロシェ

まつる

クロシェをまつる

実物大型紙

A

返し口

C

B

返し口

※ 材料

ピーシング用布各種　A用布30×10cm 本体用布（底、見返し分含む）、裏打ち布各80×30cm　中袋用布（内ポケット分含む）60×40cm　持ち手用布（持ち手裏打ち布、ループ分含む）40×45cm　接着キルト綿100×50cm　幅0.3cmじゃばらテープ200cm　長さ4cm8の字ひっかけ金具2個

※ 作り方のポイント

- 持ち手の裏打ち布はトップと同じ布。
- 口にステッチをするとき、ループは下に倒す。

※ 作り方

1. ピーシングをして本体のトップをまとめる。底と持ち手のトップは一枚布。
2. 裏打ち布、接着キルト綿にトップを重ねて接着キルト綿を接着し、しつけをかけてキルティングする。
3. じゃばらテープを付ける。
4. 持ち手とループを作り、持ち手にループを仮留めする。
5. 内ポケットを作り、中袋に縫い付ける。
6. 本体を中表に合わせて両脇を縫い、本体と底を中表に合わせて縫う。
7. 中袋を本体同様に縫う。
8. 本体と中袋を中表に合わせて口を縫う。
9. 表に返して返し口をとじ、持ち手を入れてまつる。
10. ループを倒し、口をステッチする。

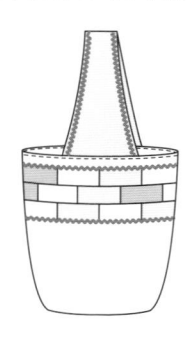

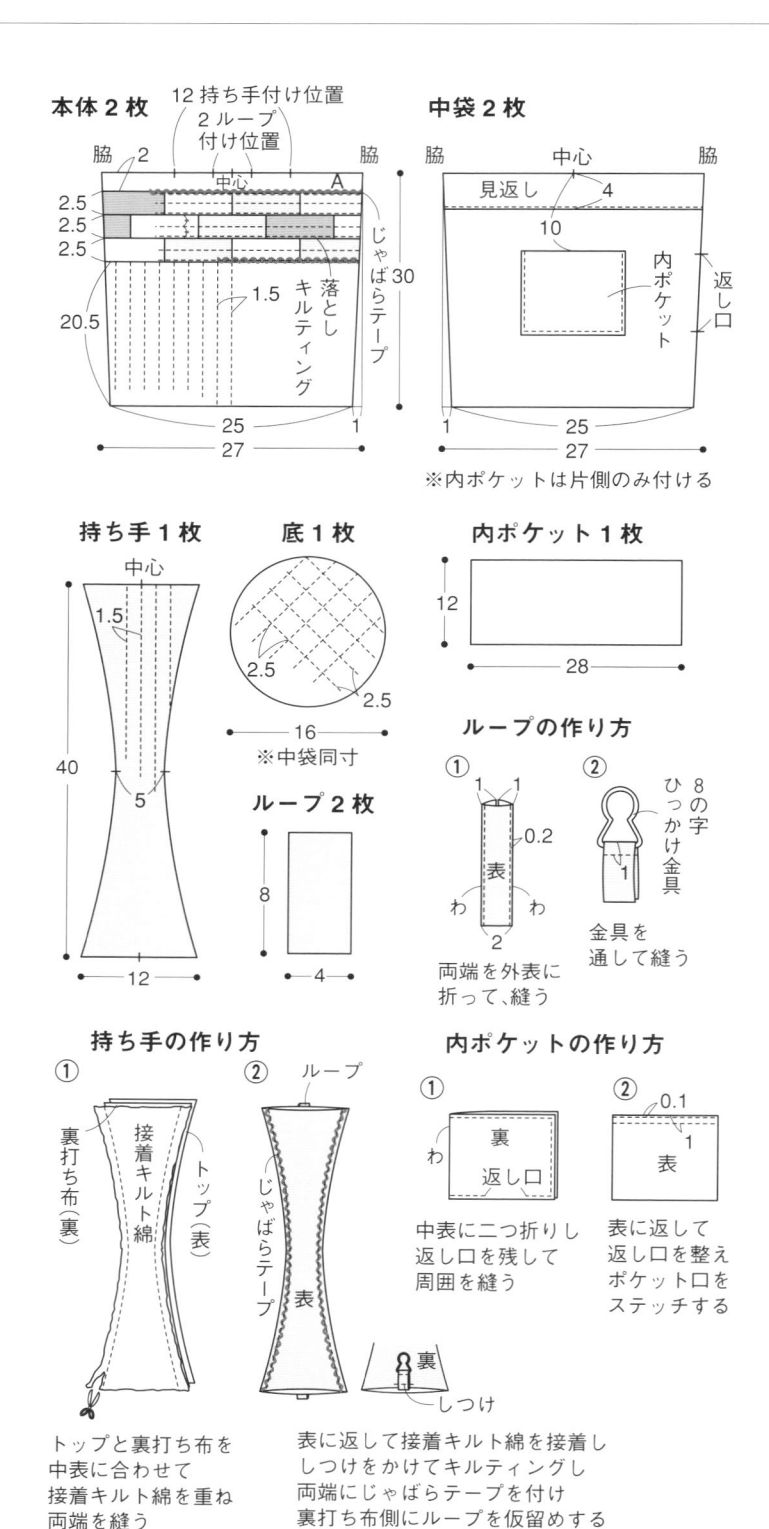

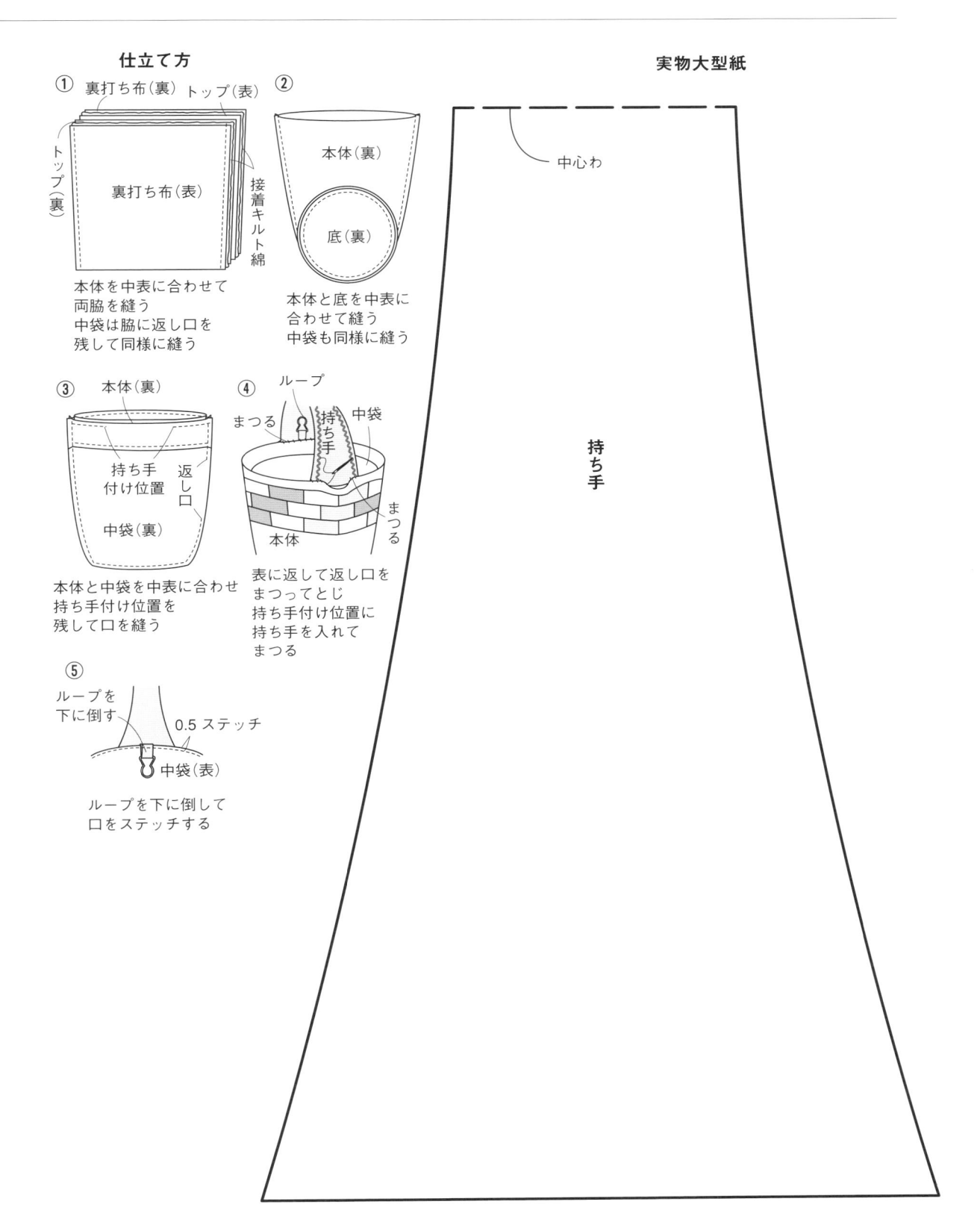

仕立て方

① 裏打ち布(裏) トップ(表)
トップ(裏)
裏打ち布(表)
接着キルト綿

本体を中表に合わせて
両脇を縫う
中袋は脇に返し口を
残して同様に縫う

② 本体(裏)
底(裏)

本体と底を中表に
合わせて縫う
中袋も同様に縫う

③ 本体(裏)
持ち手
付け位置
返し口
中袋(裏)

本体と中袋を中表に合わせ
持ち手付け位置を
残して口を縫う

④ ループ
まつる
持ち手
中袋
持ち手
本体
まつる

表に返して返し口を
まつってとじ
持ち手付け位置に
持ち手を入れて
まつる

⑤ ループを
下に倒す
0.5 ステッチ
中袋(表)

ループを下に倒して
口をステッチする

実物大型紙

中心わ

持ち手

※ 材料

本体A用布、本体B用布各55×40cm　スカラップ用布80×15cm　ループ用布50×10cm　パイピング用幅3.7cmバイヤステープ85cm　接着キルト綿110×50cm　裏打ち布110×40cm　幅2.5cm長さ32cm革製持ち手1組　幅0.3cmじゃばらテープ120cm

※ 作り方のポイント

・巻きかがりをするときは、トップ同士を縫い、次に裏打ち布同士を縫う。

※ 作り方

1. 本体のトップと裏打ち布を中表に合わせて接着キルト綿を重ね、返し口を残して周囲を縫う。
2. 表に返して接着キルト綿を接着し、しつけをかけてキルティングする。
3. 本体AとBを縫い合わせる。
4. 本体の口にタックを寄せる。
5. スカラップを作る。
6. 本体の口にスカラップを重ねてしつけをかける。
7. 本体の口をパイピングで始末する。
8. ループを作り、持ち手を通して本体の内側に縫い付ける。

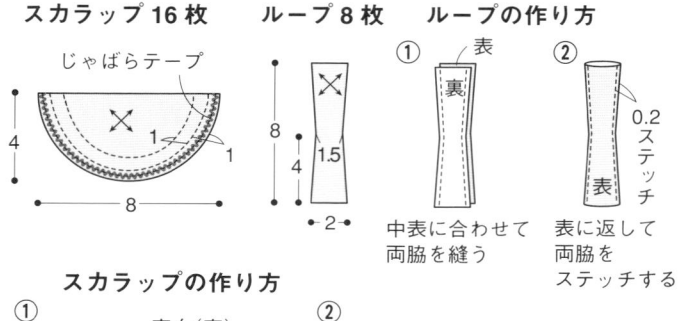

本体 A 枚 2 枚　中心　タック
8　4　4　8
1 持ち手付け位置
33
2.5
2.5
底中心
24

本体 B 枚 2 枚　中心　タック
8　4　4　8
1 持ち手付け位置
2.5
1.5
底中心
24

スカラップ 16 枚
じゃばらテープ
4
1　1
8

ループ 8 枚
8
1.5
4
2

ループの作り方
①
表
裏
中表に合わせて両脇を縫う

②
0.2
ステッチ
表
表に返して両脇をステッチする

スカラップの作り方

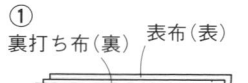
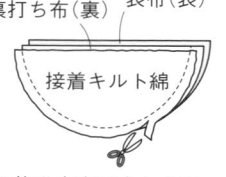
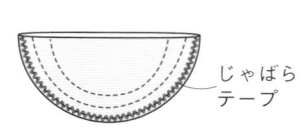

①
裏打ち布(裏)　表布(表)
接着キルト綿
2枚を中表に合わせて接着キルト綿を重ねて縫う縫い代のキルト綿をカットする

②
じゃばらテープ
表に返して接着キルト綿を接着しキルティングをしてじゃばらテープを縫い付ける

仕立て方

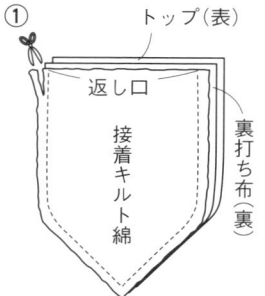

①
トップ(表)
返し口
接着キルト綿
裏打ち布(裏)
本体トップと裏打ち布を中表に合わせて接着キルト綿を重ねて縫う縫い代のキルト綿をカットする

②
表布(表)
表に返して接着キルト綿を接着ししつけをかけてキルティングする

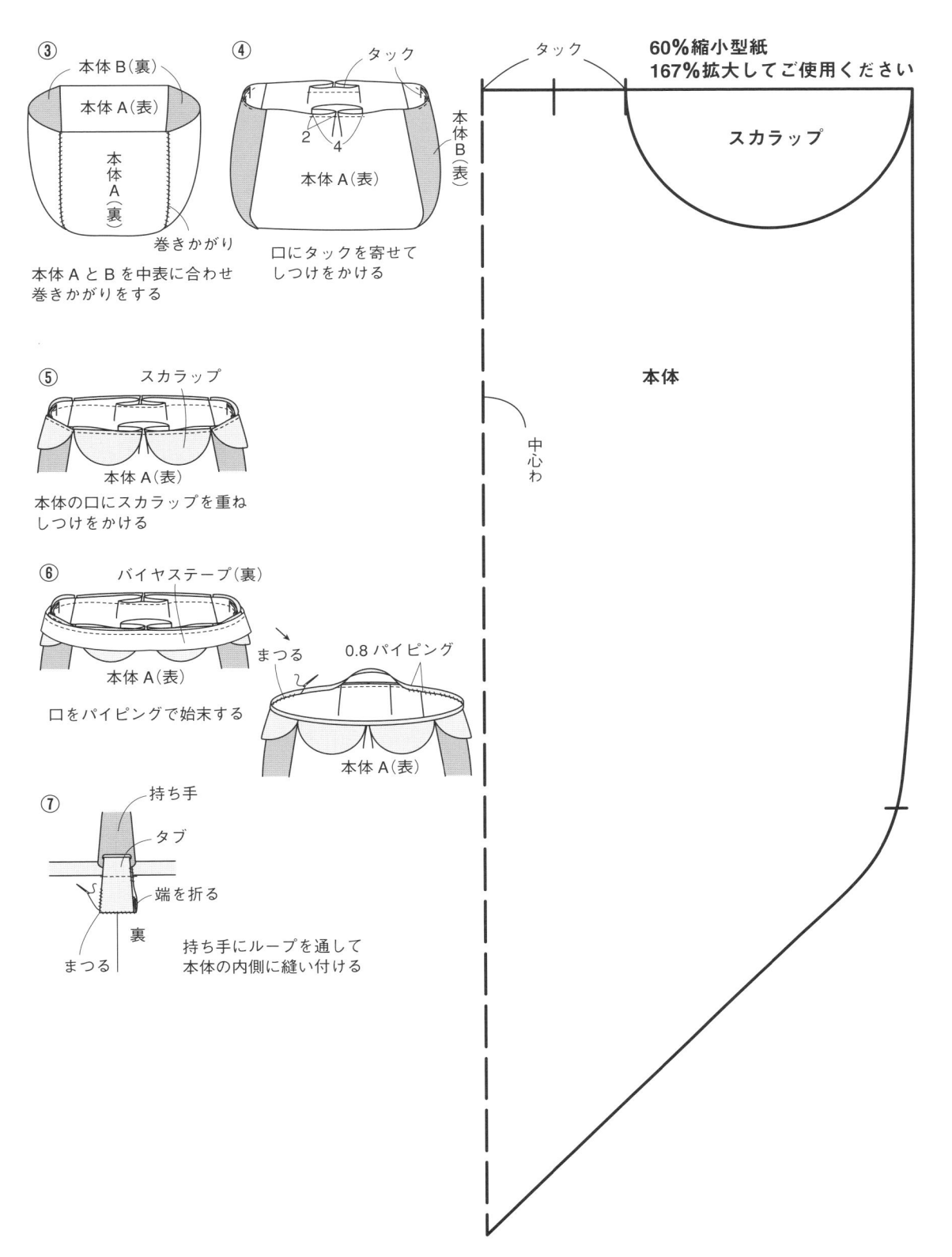

③
本体B（裏）
本体A（表）
本体A（裏）
巻きかがり

本体AとBを中表に合わせ
巻きかがりをする

④
タック
本体B（表）
2 4
本体A（表）

口にタックを寄せて
しつけをかける

⑤
スカラップ
本体A（表）

本体の口にスカラップを重ね
しつけをかける

⑥
バイヤステープ（裏）
本体A（表）
まつる
0.8 パイピング
本体A（表）

口をパイピングで始末する

⑦
持ち手
タブ
端を折る
裏
まつる

持ち手にループを通して
本体の内側に縫い付ける

タック

60%縮小型紙
167%拡大してご使用ください

スカラップ

本体

中心わ

※ 材料

ピーシング用布各種　本体A用布40×20cm　本体B用布65×30cm　本体C用布15×30cm　マチD用布各45×15cm　マチE用布55×15cm　裏打ち布、キルト綿各100×50cm　ループ用布55×15cm　パイピング用幅3.5cmバイヤステープ80cm　長さ41cm革製持ち手1組　直径1.7cmボタン4個

※ 作り方のポイント

・本体と中袋を重ねるとき、縫い代同士を中とじする。
・底板を入れてもよい。

※ 作り方

1. ピーシングをしてトップをまとめる。
2. 裏打ち布、接着キルト綿にトップを重ねて接着し、しつけをかけてキルティングする。
3. 本体とマチを中表に合わせて縫う。
4. 中袋を本体同様に縫う。
5. 本体と中袋を外表に合わせて口をパイピングで始末する。
6. ループを作る。
7. ループを持ち手に通し、本体に縫い付けてボタンを付ける。

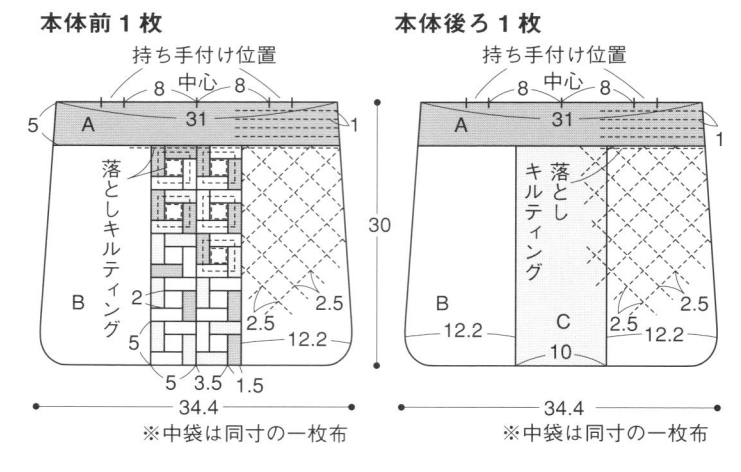

本体前 1枚
※中袋は同寸の一枚布

本体後ろ 1枚
※中袋は同寸の一枚布

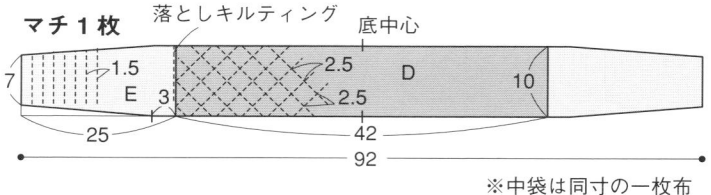

マチ 1枚
※中袋は同寸の一枚布

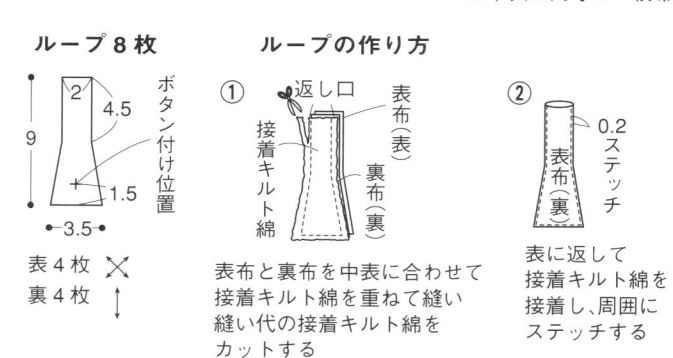

ループ 8枚
表4枚　裏4枚

ループの作り方
① 表布と裏布を中表に合わせて接着キルト綿を重ねて縫い縫い代の接着キルト綿をカットする
② 表に返して接着キルト綿を接着し、周囲にステッチする

仕立て方

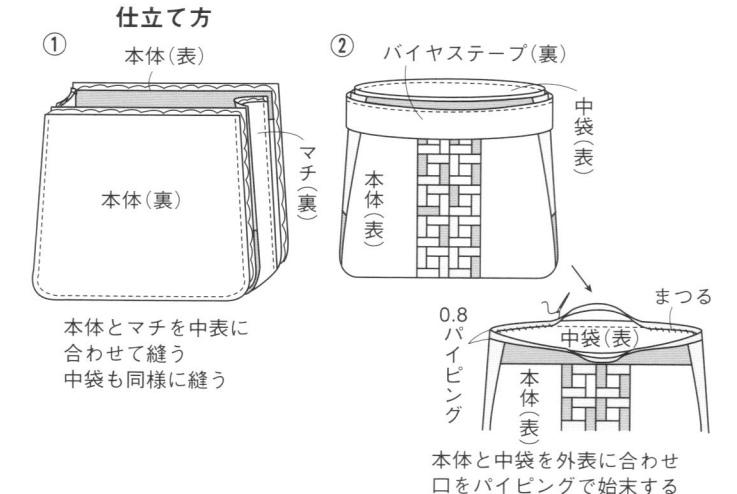

① 本体とマチを中表に合わせて縫う　中袋も同様に縫う

② 本体と中袋を外表に合わせ口をパイピングで始末する

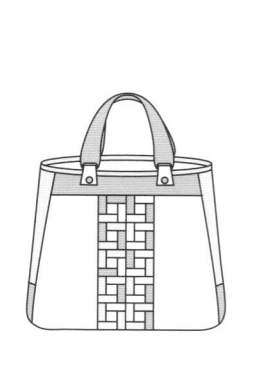

持ち手の付け方

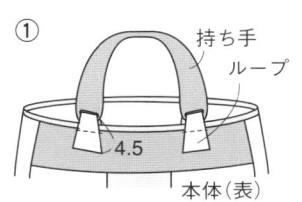

① 持ち手
ループ
4.5
本体（表）

持ち手にループを通し
本体をはさんで
パイピングのきわを縫う

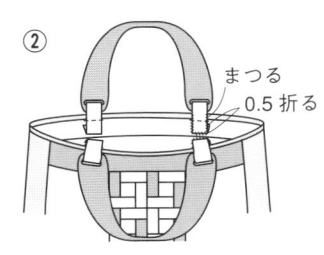

② まつる
0.5 折る

ループの中袋側の先端を
内側に折り、ループの周囲を
中袋にまつり付ける

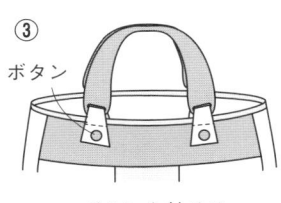

③ ボタン

ボタンを付ける

80%縮小型紙
125%拡大してご使用ください

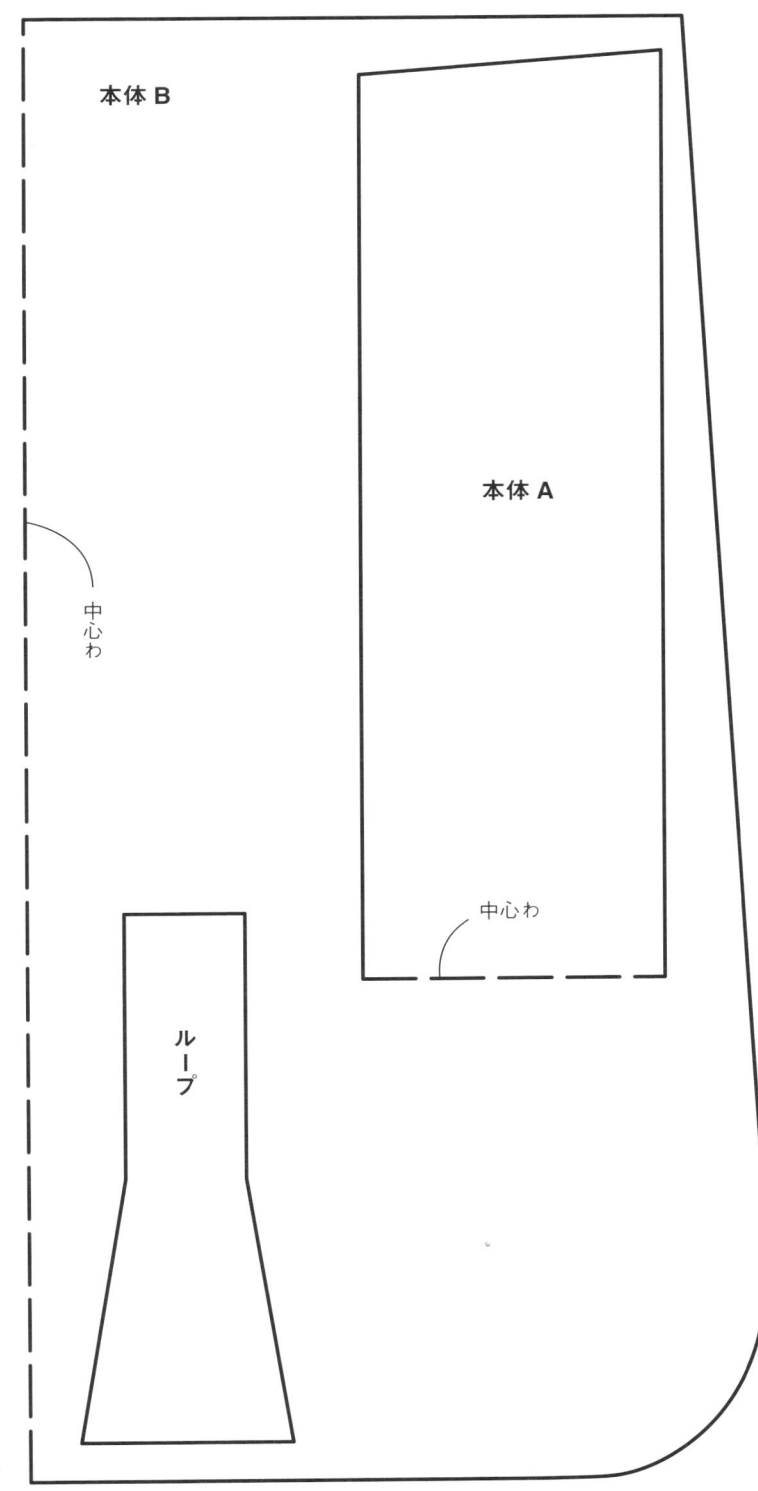

本体 B

本体 A

中心わ

中心わ

ループ

※ 材料

ピーシング用布各種　本体用布、裏打ち布各35×40cm　中袋（ふた裏打ち布分含む）、接着キルト綿各60×40cm　ポケット用ナイロン35×15cm　パイピング用幅3.7cmバイヤステープ150cm　1.8×2.7cmひねり金具1組　Dかん付き4.5×2.5cm持ち手用アタッチメント2個　ナスかん付き幅1cm肩ひも1本

※ 作り方のポイント

・本体と中袋を合わせるとき、底で縫い合わせて中とじする。
・ひねり金具の付け方は24ページ参照。

※ 作り方

1. ピーシングをしてふたのトップをまとめる。本体のトップは一枚布。
2. ふたを作る。
3. 裏打ち布、接着キルト綿に本体のトップを重ねて接着し、しつけをかけてキルティングする。
4. ナイロンポケットを作り、本体後ろ側に縫い付ける。
5. 本体を中表に二つ折りし、両脇とマチを縫う。
6. 中袋を本体同様に縫う。
7. 本体と中袋を外表に合わせて口をパイピングで始末する。
8. ふたを本体後ろにまつり付ける。
9. 本体の脇に持ち手用アタッチメント、ふたと本体にひねり金具を付けて当て布をまつる。
10. 肩ひもを付ける。

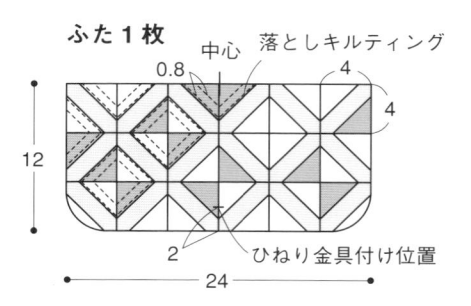

ふた１枚

中心　落としキルティング
0.8　　　　　4
12　　　　　　　　　　4
2　　ひねり金具付け位置
24

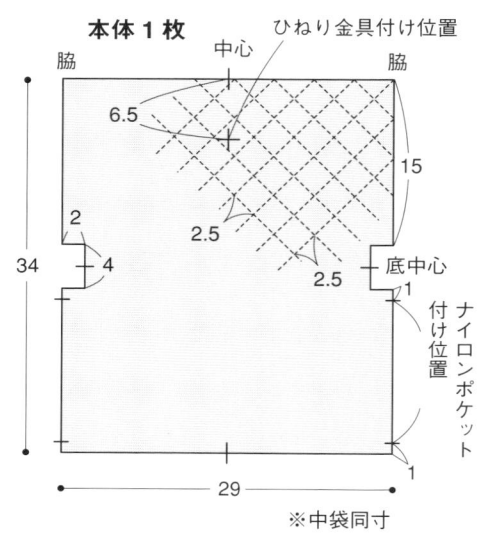

本体１枚　　ひねり金具付け位置

脇　　中心　　脇
6.5
15
2
34　　4
2.5
2.5　　底中心
1
29　　1
ナイロンポケット付け位置
※中袋同寸

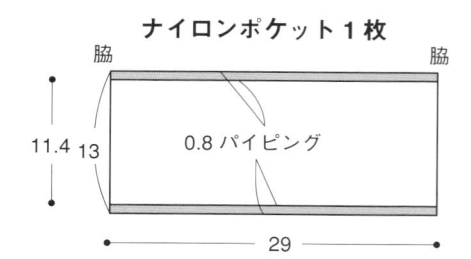

ナイロンポケット１枚

脇　　　　　脇
11.4　13　　0.8 パイピング
29

ふたの作り方

① 裏打ち布（裏）　トップ（表）
接着キルト綿

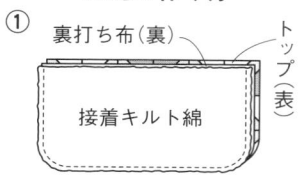

トップと裏打ち布を中表に合わせ、接着キルト綿を重ね周囲を縫う

② 0.8 パイピング

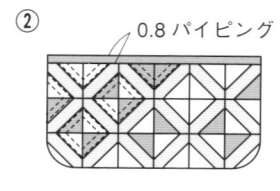

表に返して接着キルト綿を接着し、キルティングして口をパイピングで始末する

本体の作り方

①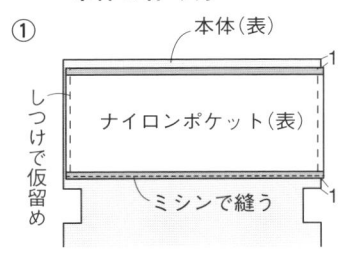

本体（表）
ナイロンポケット（表）
しつけで仮留め
ミシンで縫う
1
1

本体後ろ側にナイロンポケットを
重ねて底を縫い、脇を仮留めする

②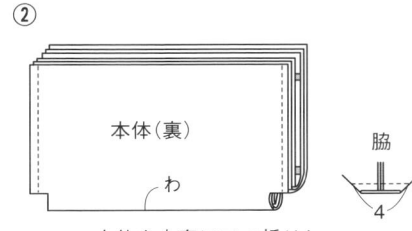

本体（裏）
わ
脇
4

本体を中表に二つ折りし
両脇とマチを縫う
中袋も同様に縫う

仕立て方

①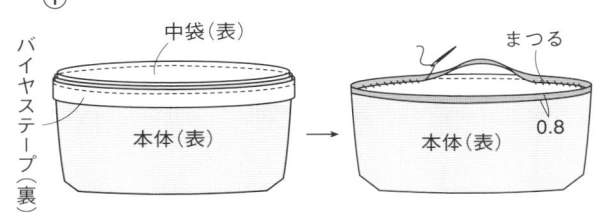

中袋（表）
バイヤステープ（裏）
本体（表）
まつる
本体（表）
0.8

本体と中袋を外表に合わせ
口をパイピングで始末する

②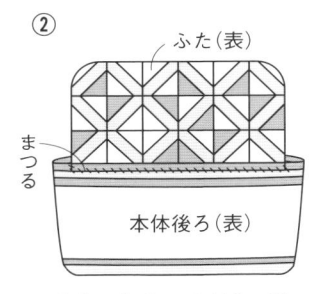

ふた（表）
まつる
本体後ろ（表）

本体の後ろのパイピングに
ふたを重ねてまつり付ける

③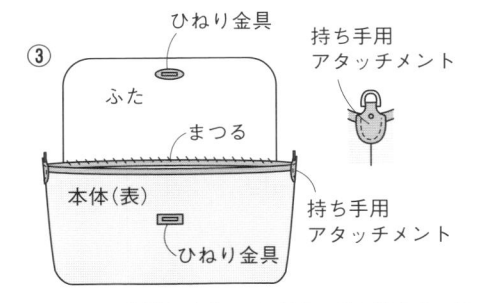

ひねり金具
持ち手用アタッチメント
ふた
まつる
本体（表）
ひねり金具
持ち手用アタッチメント

ふたの内側と本体のパイピングの端をまつり
本体の脇に持ち手用アタッチメントを付け
本体とふたにひねり金具を付ける

実物大型紙

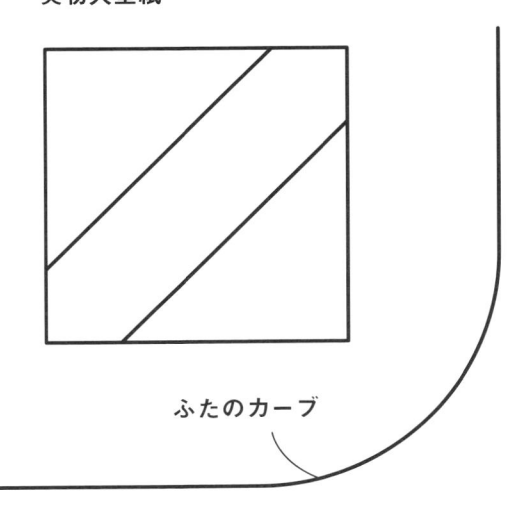

ふたのカーブ

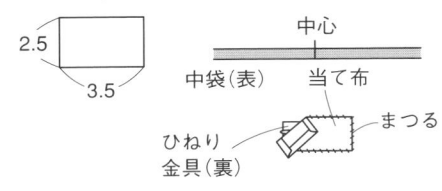

当て布1枚

2.5
3.5

当て布の付け方

中心
中袋（表）　当て布
ひねり金具（裏）
まつる

本体側のひねり金具の
裏に当て布をまつる

※ 材料

本体用布110×30cm　中袋（内ポケット分含む）110×70cm　直径16cm丸型持ち手（幅21cmバンブー持ち手）1組

※ 作り方のポイント

・綿麻を使用。綿麻よりも薄い布を使うときは薄手の接着芯をはってもよい。

※ 作り方

1. 内ポケットを作り、中袋に縫い付ける。
2. 本体と中袋を中表に合わせて縫う。
3. 本体と中袋をひらき、両脇のあき止まり位置の持ち手通し部分の縫い代を折って縫う。
4. 外表に二つ折りし、持ち手をはさんで縫う。
5. 本体同士、中袋同士を中表に合わせ、あき止まり位置と返し口を残して縫う。
6. 表に返してあき止まり位置の縫い代を整えて本体と中袋を重ねて縫い、返し口をとじる。

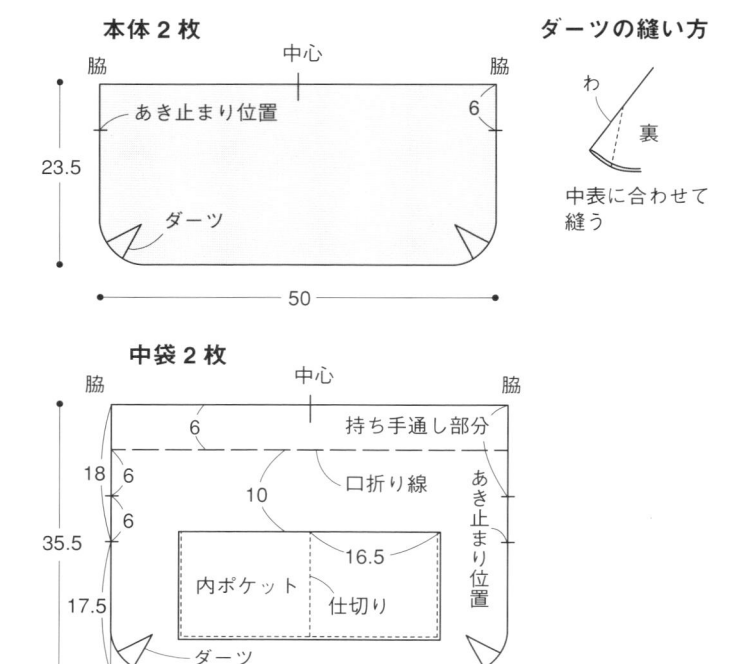

本体2枚

脇　中心　脇
あき止まり位置　6
23.5
ダーツ
50

ダーツの縫い方

わ
裏
中表に合わせて縫う

中袋2枚

脇　中心　脇
6　持ち手通し部分
18　6　口折り線　あき止まり位置
6　10
35.5
17.5　内ポケット　16.5　仕切り
ダーツ
50

内ポケット1枚

28
33

内ポケットの作り方

0.1　わ　1　ポケット口
表
周囲の縫い代を折り二つ折りしてポケット口を縫う

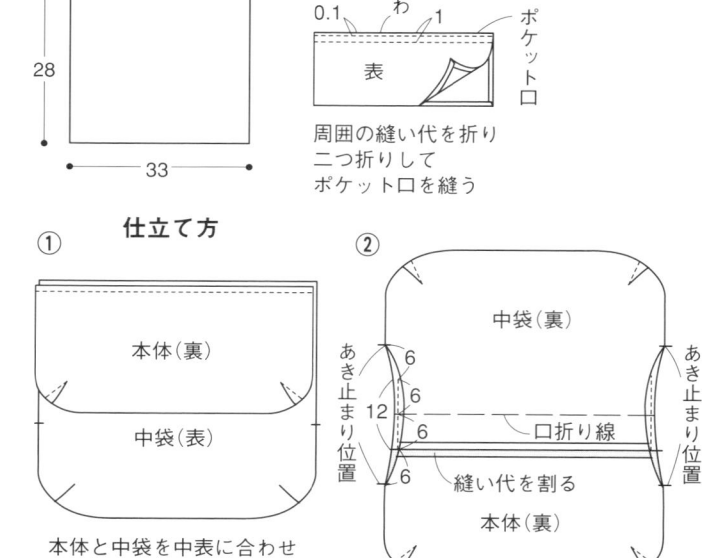

仕立て方

① 本体（裏）
中袋（表）

本体と中袋を中表に合わせ口を縫う

② 中袋（裏）
あき止まり位置　6
6
12　6　口折り線
6　縫い代を割る
あき止まり位置
本体（裏）

本体と中袋をひらいて縫い代を割りあき止まり位置の縫い代を折って持ち手通し部分を縫う

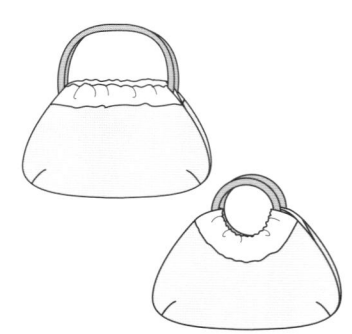

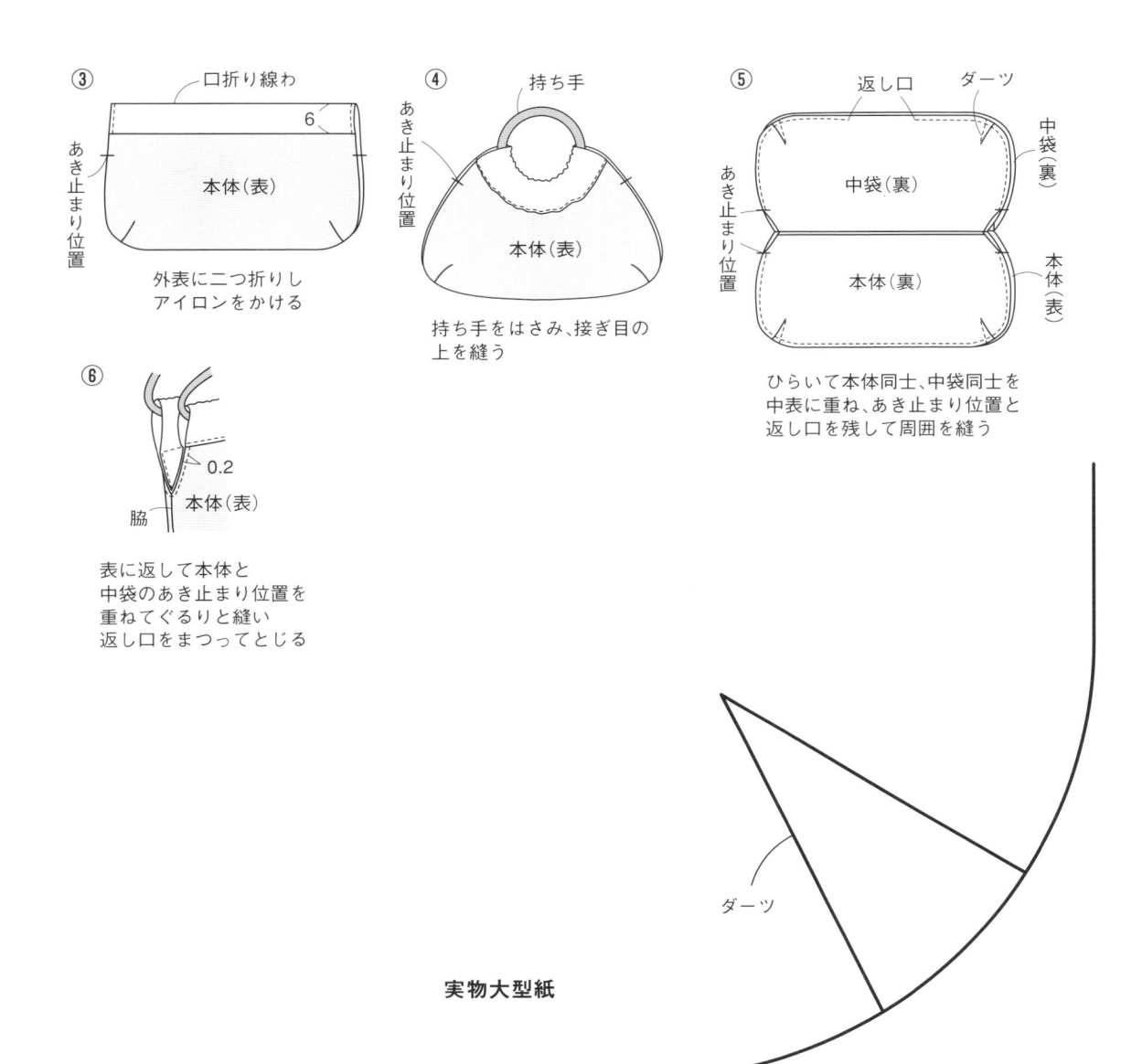

③ 口折り線わ

6

本体（表）

あき止まり位置

外表に二つ折りし
アイロンをかける

④ 持ち手

あき止まり位置

本体（表）

持ち手をはさみ、接ぎ目の
上を縫う

⑤ 返し口 ダーツ

中袋（裏）

中袋（裏）

あき止まり位置

本体（裏）

本体（表）

ひらいて本体同士、中袋同士を
中表に重ね、あき止まり位置と
返し口を残して周囲を縫う

⑥

0.2

脇 本体（表）

表に返して本体と
中袋のあき止まり位置を
重ねてぐるりと縫い
返し口をまつってとじる

ダーツ

実物大型紙

Profile

南久美子　Kumiko Minami

パッチワークキルト作家。ニットデザインなどを手がけた後、1993年よりパッチワークキルトを始める。1995年、京都府宇治市に「キルトギャラリー瑞（ZUI）」をオープン。布をはじめとしたパッチワークに関する材料をあつかうとともに、教室を開催。キットや布の通信販売も充実している。やさしいトープカラーで作るかわいらしさのある作品が人気。

制作協力

岡田麗子
南智恵子

Staff

撮影
山本和正

デザイン
橘川幹子

作り方
大島幸

編集
恵中綾子（グラフィック社）

シンプルでかわいい
日々のキルトとバッグと小物

やさしいキルトのある暮らし

2018年5月25日　初版第1刷発行

著　者：南久美子
発行者：長瀬　聡
発行所：株式会社グラフィック社
　　　　〒102-0073
　　　　東京都千代田区九段北1-14-17
　　　　tel　03-3263-4318（代表）
　　　　　　 03-3263-4579（編集）
　　　　fax　03-3263-5297
　　　　郵便振替　00130-6-114345
　　　　http://www.graphicsha.co.jp

印刷・製本：図書印刷株式会社